L'ALGÉRIE ET LA TUNISIE EN AUTOMOBILE

LIBRAIRIE HACHETTE ET Cᵉ
79, Boulevard SAINT-GERMAIN, PARIS

CARTE CATALOGUE DES GUIDES JOANNE

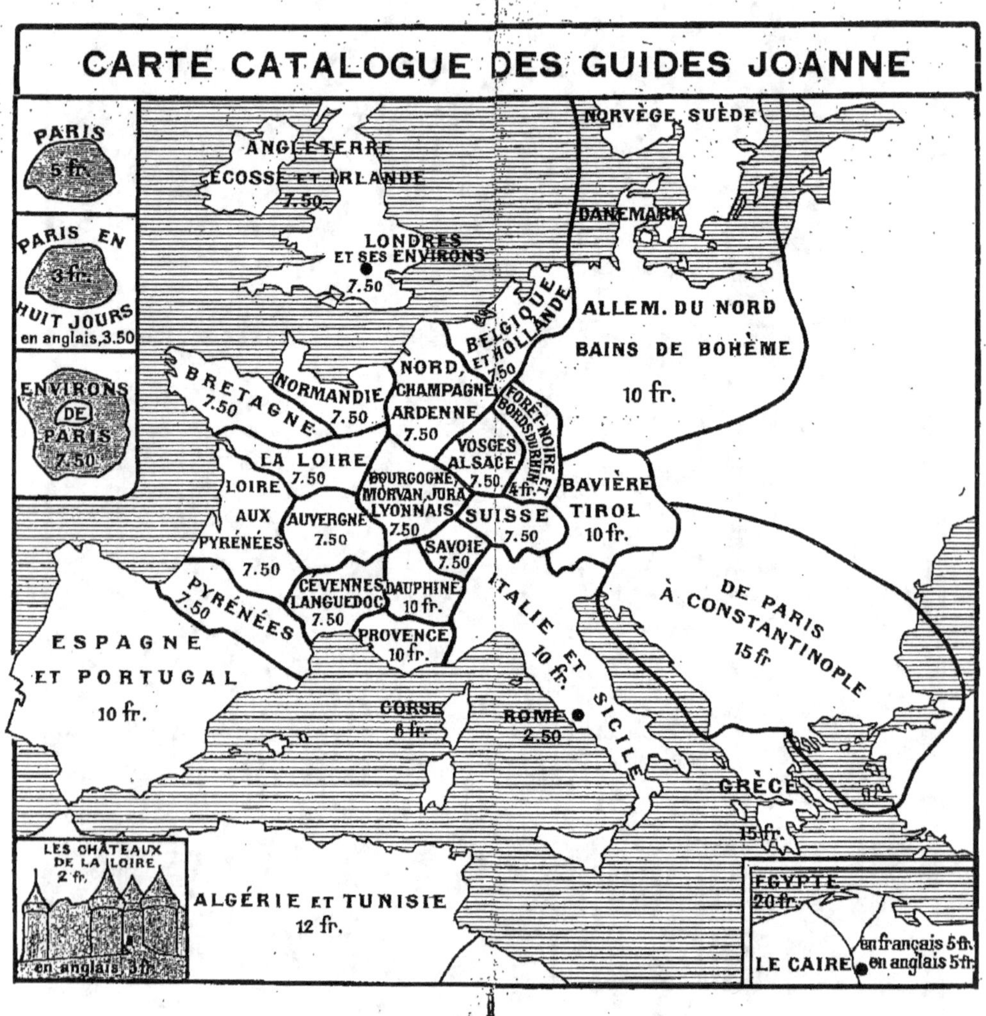

L'ALGÉRIE

ET

LA TUNISIE

EN

AUTOMOBILE

HUIT CARTES EN COULEURS

4.306 Kilomètres de profils

LIBRAIRIE HACHETTE ET Cie

79, BOULEVARD SAINT-GERMAIN, 79, PARIS

—— 1911 ——

L'ALGÉRIE ET LA TUNISIE EN AUTOMOBILE

A. — TRAVERSÉE ET ARRIVÉE

1° Bateaux à vapeur. — 2° Billets circulaires.
3° Passeport, douane.

1° Bateaux à vapeur. — On trouvera ci-dessous des renseignements sur les prix et les départs des services les plus fréquemment utilisés entre la France et l'Algérie-Tunisie. Prix et départs étant sujets à être modifiés chaque saison et parfois même en cours de saison, *on fera bien de consulter les plus récents livrets ou indicateurs des compagnies*, que celles-ci distribuent fort libéralement, en les demandant aux adresses suivantes : — *Cie générale Transatlantique*, r. Auber, 6, à Paris, et quai de la Joliette, 9, à Marseille; *Cie de Navigation mixte* (Touache), r. de Rome, 9, à Paris, et r. Cannebière, 54, à Marseille; *Société générale de Transports maritimes à vapeur*, r. Ménars, 8, à Paris, et r. de la République, 25, à Marseille.

On remarquera que les tarifs de la Cie de Navigation mixte et ceux des Transports maritimes sont assez souvent très inférieurs à ceux de la Cie Transatlantique; leurs bateaux, généralement moins luxueux et moins rapides que les Transatlantiques, sont cependant suffisamment confortables, et certains sont tout à fait bons; aussi bien sont-ils à recommander aux voyageurs désireux de réaliser des économies et que n'effraient pas quelques heures de plus à passer en mer.

Les prix des trois compagnies ci-dessus comprennent la nourriture, excepté pour la 4e classe (pont) sur les Transports maritimes et la Navigation mixte.

Au prix du billet vient s'ajouter, le cas échéant, le montant des droits d'embarquement ou de débarquement perçus dans les ports tunisiens, ainsi que dans certains ports algériens.

Les billets doivent toujours être pris préalablement à l'embarquement, tout billet délivré à bord étant soumis à une surtaxe (de 10 à 20 %).

Il sera prudent de retenir à l'avance sa couchette, oralement ou par correspondance. Cette précaution devra être prise le plus tôt qu'on le pourra aux époques où le mouvement des passagers est particulièrement actif (début de l'automne pour les passages de France en Algérie-Tunisie, printemps pour les voyages dans les deux sens, commencement de l'été pour les passages d'Algérie-Tunisie en France).

Les franchises de bagages sont de 100 kilogr. en 1re et de 60 kilogr. en 2e cl. Toutefois, les cycles sont taxés à part à raison de 5 francs par bicyclette.

Pour les *automobiles*, la Cie Transatlantique et la Société de Transports maritimes perçoivent de quai à quai, non compris les frais de transit et de camionnage s'il y a lieu, les taxes suivantes : jusqu'à 700 kilogr., 90 fr.; de 700 à 1,500 kilogr., 135 fr., plus 70 à 115 fr. suivant les ports pour frais d'un ponton-grue, si les dimensions de la voiture exigent l'usage de cet appareil ; de 1,500 à 2,500 kilogr., 240 à 275 fr. suivant les ports. — La Cie de Navigation mixte perçoit, de son côté, dans les mêmes conditions : 1° à titre de fret, 75, 120 et 150 fr. respectivement pour chacune des catégories ci-dessus; 2° à titre de frais accessoires, outre 30 c. pour permis et avis, 8 fr. 10 à 8 fr. 30 suivant les ports par 1,000 kilogr., plus, s'il y a lieu à usage d'un ponton-grue, les taxes supplémentaires indiquées plus haut. — Au cas où l'expéditeur entend s'assurer contre les risques maritimes et de manutention, dont les compagnies déclinent la responsabilité, il y a lieu à perception, pour les voitures chargées sur le pont, d'une prime de 40 c. % de la valeur déclarée. — En tout cas, et avec toutes les compagnies, il convient de s'assurer à l'avance de la place à bord auprès de l'agence du port d'embarquement et d'en obtenir une réponse favorable.

PRINCIPAUX SERVICES MARITIMES

N. B. — On recourra aux Indicateurs des compagnies pour être renseigné sur les services secondaires de Marseille à Bône, à Philippeville et à Bougie.

Sur les paquebots affectés aux services rapides, la *Cie générale Transatlantique* met à la disposition des passagers de 1re classe, moyennant le paiement de suppléments variables suivant les lignes et suivant les paquebots (s'informer), des cabines extérieures, dites de priorité, installées pour deux passagers et qui peuvent être réservées à l'usage exclusif d'un seul, des cabines de famille et des cabines de luxe. Le *Charles-Roux* et le *Carthage*, paquebots les plus récents, en service sur les lignes d'Alger et de Tunis, sont pourvus de cabines dites de catégorie spéciale, de prix divers supérieurs à ceux de la 1re classe, de cabines de demi-luxe et d'une cabine de luxe.

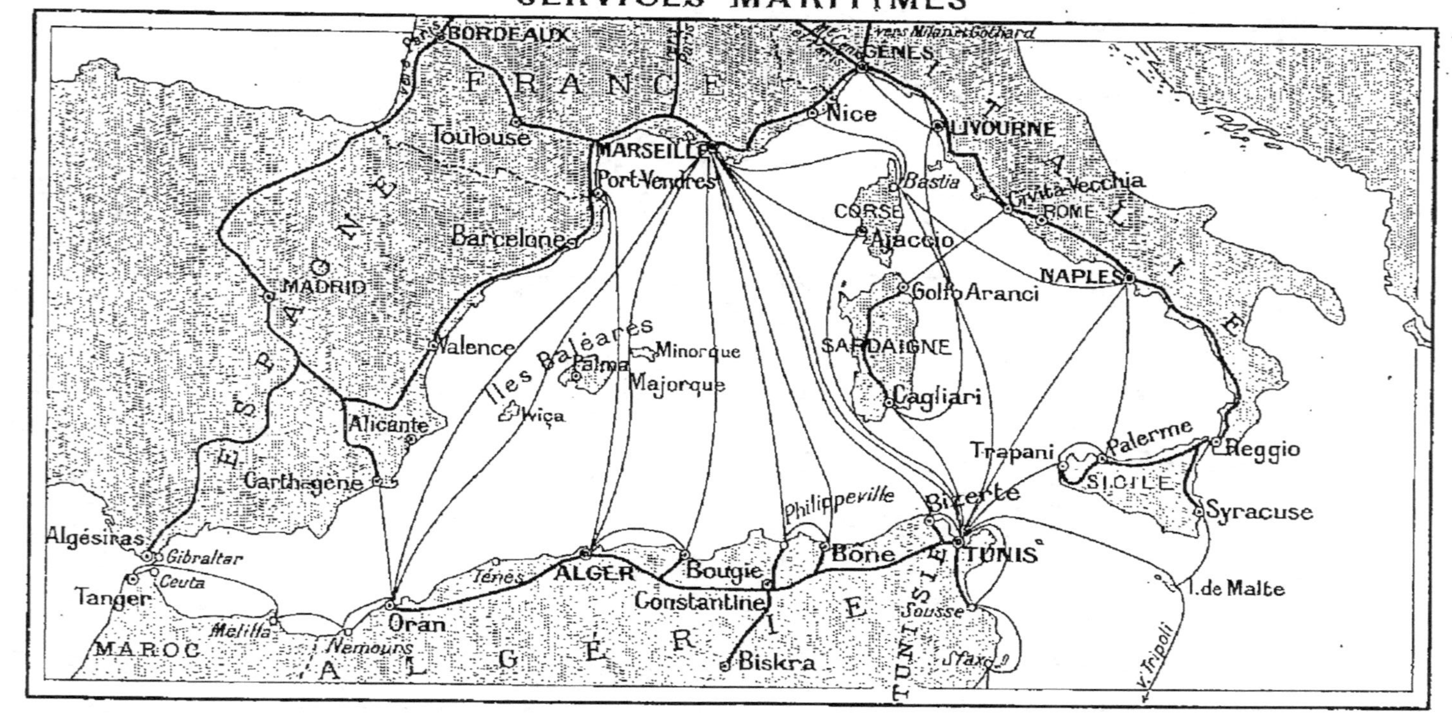

SERVICES MARITIMES
FRANCE
ESPAGNE
ITALIE
ALGÉRIE
TUNISIE
MAROC
BORDEAUX
Paris
vers Milan et Gothard
GÊNES
Toulouse
Nice
LIVOURNE
MARSEILLE
Port-Vendres
Bastia
Civita-Vecchia
ROME
Barcelone
CORSE
Ajaccio
MADRID
NAPLES
Valence
Iles Baléares
Minorque
Golfo Aranci
Palma
Majorque
SARDAIGNE
Iviça
Cagliari
Alicante
Trapani
Palerme
Reggio
Carthagène
SICILE
Algésiras
Philippeville
Bizerte
Syracuse
Gibraltar
Ténès
ALGER
Bougie
Bône
TUNIS
I. de Malte
Ceuta
Tanger
Constantine
Sousse
Melilla
Oran
Sfax
v. Tripoli
Nemours
Biskra

1° De Paris à Alger.

A. Par Marseille.

863 k. en ch. de fer jusqu'à Marseille. — 96 fr. 65 ; 65 fr. 25 ; 42 fr. 55. — Trajet en 12 à 18 h.

750 k. ou 405 milles marins de Marseille à Alger.

Cie générale Transatlantique : 4 serv. rapides par sem. ; dép. de Marseille les mardis, mercr., vendr. et dim. à 1 h. s. ; dép. d'Alger les mardis, jeudis, vendr. et dim. à midi 30 ; traversée en 26 à 28 h. (moins longue généralement par le *Charles-Roux* ou par le *Carthage*) ; 96 fr., 69 fr., 36 fr. et 22 fr.

— *Cie de Navigation mixte* (Touache : 2 serv. par sem. ; dép. de Marseille les jeudis à 11 h. 45 m. (rapide ; serv. assuré généralement par le *Mustapha*, qui est bon) et les lundis à 6 h. s. (commercial) ; dép. d'Alger les sam. à midi (rapide) et les vendredis dans l'après-midi (commercial) ; traversée en 30 à 36 h. ; 75 ou 65 fr., 48 ou 43 fr., 26 ou 22 fr., 12 ou 10 fr.

— *Société de Transports maritimes* : 2 serv. par sem. ; dép. de Marseille les mercr. et sam. à 6 h. s. ; dép. d'Alger les mercr. et sam. à 6 h. s. ; traversée en 35 à 40 h. ; 75 fr., 48 fr., 26 fr. et 12 fr.

Billets directs de Paris à Alger ou réciproquement, avec arrêts facultatifs, valables 15 j., délivrés, soit aux bureaux des Cies de navigation à Paris ou à Alger, soit à la gare de Lyon à Paris. Des billets directs pour Alger sont également délivrés au départ de Londres et au départ de Lyon. — On peut faire enregistrer directement ses bagages de Paris pour Alger ou réciproquement, auquel cas leur transbordement à Marseille s'opère par les soins des Cies (visite de la douane à l'arrivée à Paris). Si l'on n'a pas pris cette précaution, on devra, après avoir subi la visite de la douane (au retour), veiller soi-même au transbordement, à moins qu'on ne préfère recourir aux services d'une agence (*Aglot* ou *Duchemin*; tarifs d'après le poids et le nombre des colis).

Les touristes désireux d'effectuer leur voyage dans le minimum de temps prendront, à l'aller, l'un des rapides du soir (plusieurs dép. de 7 h. à 9 h. 30) et arriveront à Marseille de 9 h. à 10 h. mat., ce qui leur donnera tout le temps de s'embarquer à 1 h. (sur les paquebots de la *Cie Transatlantique*) ; au retour, ils prendront l'un des express ou des rapides du soir (dép. de 6 h. à 9 h.) et arriveront à Paris de 8 h. à 10 h. 30 mat. La durée totale du trajet, compris l'arrêt à Marseille, est ainsi de 40 à 43 h.

— Billets maritimes d'aller et ret. valables 3 mois avec réduction de 10 %. — Pour les billets circulaires, *V.* ci-dessous, p. 9.

B. Par Port-Vendres.

On peut se rendre à Port-Vendres par plusieurs itinéraires, dont trois (par Lyon et Tarascon ; par Clermont-Ferrand et Nîmes ; par Clermont-Ferrand, Brioude et Saint-Flour), ont pour point de départ la gare de Lyon, et deux autres (par Limoges et Toulouse ; par Bordeaux et Toulouse) la gare d'Orléans. — Pour la correspondance éventuelle des trains du P.-L.-M. ou du P.-O. avec les services maritimes, consulter l'Indicateur. — 102 fr. 25 à 121 fr. 60 ; 68 fr. 95 à 82 fr. 15 ; 44 fr. 95 à 53 fr. 60.

659 k. ou 356 milles marins de Port-Vendres à Alger :

Cie de Navigation mixte (Touache) : 1 serv. hebdomad. ; dép. de Port-Vendres les dim. à 3 h. 30 s. ; dép. d'Alger les mercr. à midi ; traversée en 22 à 24 h. ; 95 fr., 68 fr., 31 fr. et 14 fr. Le bateau (généralement la *Marsa*, qui est bon) qui assure ce serv. part de Cette les sam. à minuit et y retourne les jeudis (mêmes prix).

2° De Paris à Oran.

A. Par Marseille.

863 k. jusqu'à Marseille, comme ci-dessus, 1°, *A*.
1,100 k. ou 595 milles marins de Marseille à Oran.
Cie générale Transatlantique : 2 serv. par sem.: dép. de
Marseille les jeudis et sam. à 5 h. s. : dép. d'Oran les lundis et
mercr. à 5 h. s.; traversée en 40 à 42 h.; 81 fr., 59 fr., 31 fr. et
23 fr. — *Société de Transports maritimes* : 1 serv. rapide
hebdomad.; dép. de Marseille les mardis à 5 h. s.; dép. d'Oran
les sam. à 5 h. s.; traversée en 38 à 40 h. : 80 fr., 58 fr., 31 fr.
et 14 fr.; 1 autre service hebdomad. facultatif (dép. de Marseille les vendr. à 6 h. s.; dép. d'Oran les mardis à 9 h. mat.:
s'informer; traversée en 45 à 50 h.; 65 fr., 43 fr., 23 fr. et
10 fr. . — *Cie de Navigation mixte* (Touache) : 1 serv. hebdomad.; dép. de Marseille les mercredis à 6 h. s.; dép. d'Oran
les sam. à 10 h. mat.; traversée en 54 h.; 65 fr., 43 fr., 23 fr.
et 10 fr.
Billets directs et billets d'aller et retour comme ci-dessus,
1°, *A*.

B. Par Port-Vendres.

Jusqu'à Port-Vendres, comme ci-dessus, 1°, *B*.
980 k. ou 530 milles marins de Port-Vendres à Oran.
Cie de Navigation mixte (Touache) : 1 serv. hebdomad.:
dép. de Port-Vendres les vendr. à 3 h. 30 s.; dép. d'Oran les
lundis à midi; traversée en 30 à 32 h.; 95 fr., 68 fr., 31 fr. et
14 fr. Le bateau (généralement la *Medjerda*, qui est bon) qui
assure ce serv. part de Cette les jeudis à minuit et y retourne
les mercr. (mêmes prix).

C. Par Carthagène.

Itinéraire recommandé aux personnes qui craignent la mer.
On peut se rendre à Carthagène par Port-Bou, Barcelone et
Valence: 22 à 25 h. jusqu'à Barcelone, par le P.-L.-M. ou par le
P.-O. (wagon-lits de Paris à Port-Bou par Toulouse) et 8 h. 30 à
10 h. de Barcelone à Valence; mais cet itinéraire n'est recom-
mandable qu'autant que les correspondances entre Valence et
Carthagène sont assurées de façon satisfaisante, auquel cas il
faut compter 9 h. à 9 h. 30 entre ces deux villes (s'informer). —
Dans le cas contraire, le mieux sera de passer par Madrid
(26 h. par le Sud-Express jusqu'à Madrid, et 14 à 15 h. de
Madrid à Carthagène par le train à wagon-lits qui correspond
avec le paquebot de la *Cie Transatlantique*).
210 k. ou 115 milles marins de Carthagène à Oran.
Cie générale Transatlantique : 1 serv. hebdomad.; dép. de
Carthagène les mardis à 8 h. s.; dép. d'Oran les lundis à 11 h.
s.; traversée en 9 à 10 h.; 50 fr., 35 fr., 20 fr. et 14 fr. (sans
nourriture), plus les droits de port et consulaires. Les passagers d'Oran à Carthagène devront être porteurs d'un passeport
visé par le consul d'Espagne à Oran et se présenter au bureau
des passages pour faire viser leurs billets avant 8 h. s.

3° De Paris à Tunis.

A. Directement.

863 k. jusqu'à Marseille, comme ci-dessus, 1°, *A*.
874 k. ou 472 milles marins de Marseille à Tunis.
Cie générale Transatlantique : 2 serv. directs par sem.;
dép. de Marseille les lundis (rapide) et les jeudis à midi; dép.
de Tunis les vendr. à 4 h. s. (rapide et les dim. à midi;

traversée en 32 à 36 h. (moins longue généralement par le
Carthage) ; 96 ou 81 fr., 69 ou 59 fr., 36 ou 33 fr. et 22 fr., plus
les droits de port. — Cie *de Navigation mixte* (Touache) :
1 serv. hebdomad. ; dép. de Marseille les mercr. à midi ; dép.
de Tunis les lundis à 2 h. s. ; traversée en 40 h. ; 75 fr., 50 fr.,
25 fr. et 12 fr., plus les droits de port. Le serv. ci-dessous
signalé par Bizerte est direct, au retour, de Tunis à Marseille.

Billets directs et billets d'aller et retour comme ci-dessus,
1°, A.

B. Par Bizerte.

Cie *générale Transatlantique* : 1 serv. hebdomad. ; dép.
de Marseille les vendr. à midi ; dép. de Tunis les mercr. à midi
30 ; traversée en 32 à 34 h. jusqu'à Bizerte ; 81 fr., 59 fr., 33 fr.
et 22 fr., tant pour Tunis que pour Bizerte, plus les droits de
port. De Bizerte, on gagnera Tunis, soit en continuant par le
bateau, qui repart après une courte escale et arrive à Tunis
au matin (mêmes prix), soit en prenant le ch. de fer (train
direct en correspondance jusqu'à 9 h. s., qui permet d'aller
coucher le soir même à Tunis). De même, au retour, on pourra

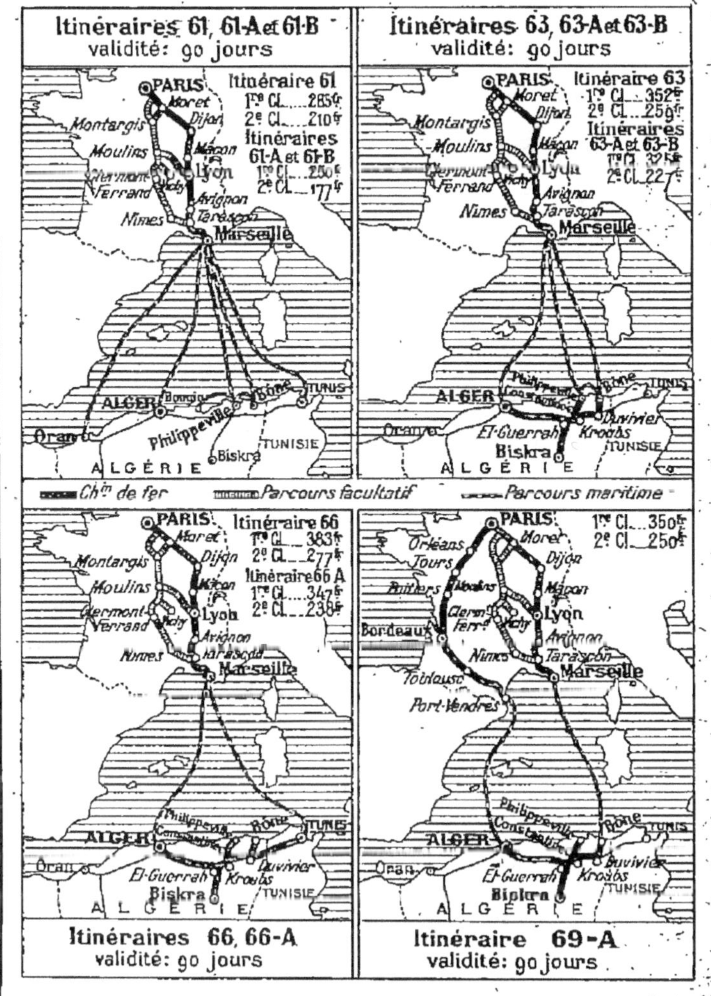

aller s'embarquer à Bizerte (à 10 h. 30 s.; train direct partant
de Tunis à 7 h. 20). — *C*ⁱᵉ *de Navigation mixte* (Touache):
1 serv. hebdomad., par Bizerte à l'aller et direct au retour;
dép. de Marseille les sam. à midi; dép. de Tunis les jeudis à
midi; traversée de Marseille à Bizerte en 40 à 43 h., de Tunis
à Marseille en 43 à 46 h.; 65 fr., 43 fr., 23 fr. et 10 fr., tant
pour Tunis que pour Bizerte, plus les droits de port.

2° Billets circulaires. — Les diverses combinaisons
de billets circulaires à itinéraires facultatifs usités
en France s'appliquent également aux lignes de navigation et aux réseaux ferrés desservant l'Algérie-
Tunisie. En particulier, il est délivré (pour les
3 classes) des carnets individuels et collectifs, valables
90 jours et susceptibles d'être prolongés d'autant, qui
comportent des réductions notables. Mais les touristes
n'auront généralement pas à y recourir et à prendre
la peine de dresser eux-mêmes leur itinéraire, les bil-

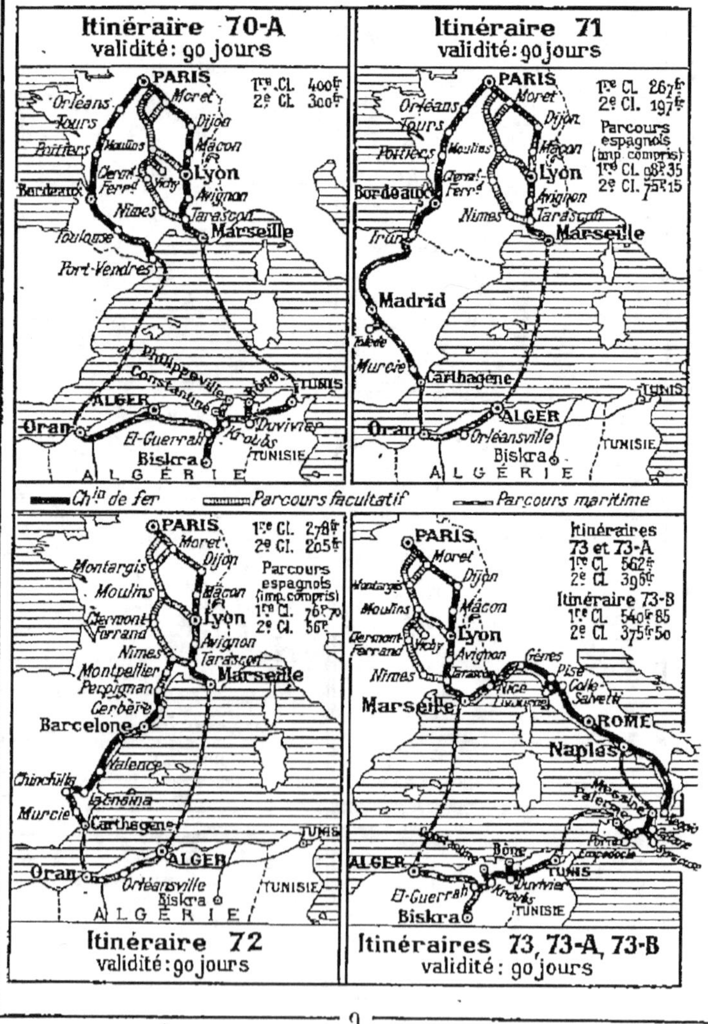

lets circulaires à itinéraires fixes représentant à peu près toutes les combinaisons possibles. On en jugera par celles représentées ci-contre, dont la durée de validité est uniformément de 90 jours et peut être prolongée d'autant; les prix indiqués sous les n⁰ˢ simples s'appliquent à des traversées effectuées sur les paquebots de la *Cie Transatlantique*, tandis que ceux des n⁰ˢ distingués par la lettre *A* s'appliquent à des traversées sur les paquebots de la *Navigation mixte*, et ceux distingués par la lettre *B* à des traversées sur les paquebots des *Transports maritimes*. On peut, moyennant des suppléments, obtenir des carnets de et pour Bruxelles ou Londres. Les carnets 61, 61 *A* et 61 *B*, qui sont en réalité des billets d'aller et retour de Paris à un ou deux ports quelconques, les trajets faits en Algérie-Tunisie restant à la charge des porteurs, comportent des coupons supplémentaires permettant d'effectuer à prix réduits les parcours Philippeville-Biskra, Alger-Biskra et Alger-Biskra-Philippeville; moyennant un supplément, ces mêmes carnets peuvent être prolongés jusqu'à Malte. — Le

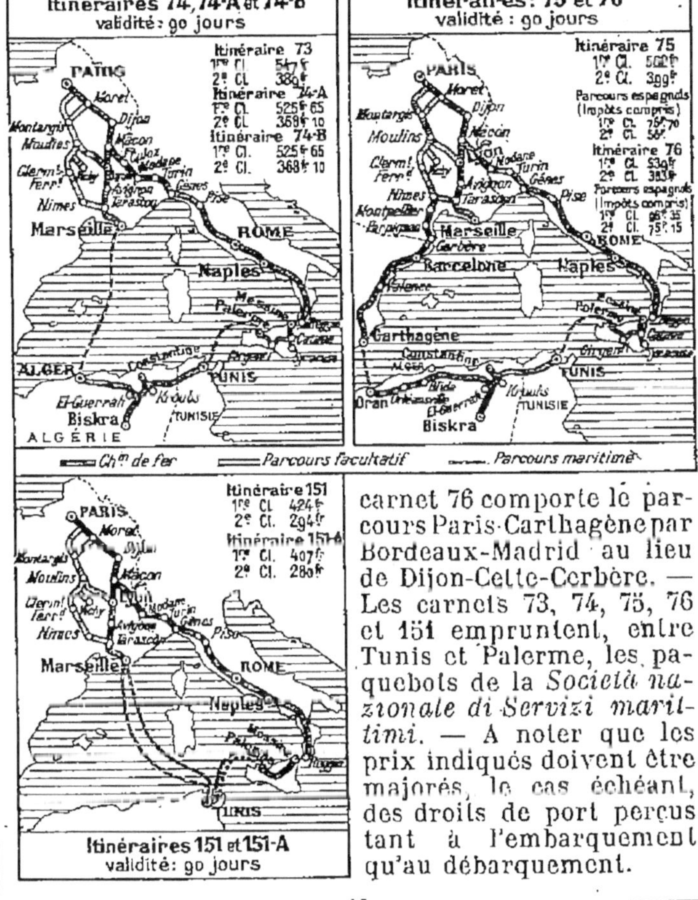

3º Passeport, douane. — Le passeport n'est obligatoire ni en Algérie ni en Tunisie. Il ne sera nécessaire que si l'on veut revenir d'Algérie par Carthagène (visa du consul d'Espagne à Oran).

La douane algérienne est peu exigeante. La douane tunisienne l'est davantage, surtout sur la frontière algérienne, à cause du tabac, qui est sous le régime du monopole en Tunisie, alors que son commerce est libre en Algérie. Quant à la douane française lors du retour, ses investigations portent également sur le tabac, et aussi sur les essences de parfumerie; en outre, on n'oubliera pas que les objets importés de Tunisie, tels que tapis, étoffes de laine, meubles, bijoux, etc., sont passibles des droits du tarif minimum, qui sont assez élevés.

En ce qui concerne les *automobiles*, les touristes devront être munis d'un *passavant descriptif* s'appliquant à leur machine, pièce qui, s'ils viennent de France, sera celle dite *passavant de cabotage*. S'ils sont Français, ils ne seront astreints, à l'entrée en Algérie, à aucune formalité autre que le visa du passavant ni passibles d'aucune taxe douanière. S'ils sont étrangers, ils devront, au cas où ils ne seront pas porteurs d'un *triptyque* à soumettre au visa de la douane, soit consigner le montant des droits (50 ou 60 fr. les 100 kilogr.) contre remise d'un reçu de consignation qui leur en assurera le remboursement à la sortie, soit fournir la garantie d'un *acquit à caution* en recourant aux bons offices d'un agent en douane. En Tunisie, les automobilistes français ou algériens sont astreints à une simple déclaration en douane; les automobilistes étrangers doivent joindre à cette déclaration, soit la consignation des droits (50 fr. par 100 kilogr.), soit une soumission cautionnée de les acquitter au cas de non-réexportation de leur machine.

B. — DU VOYAGE EN ALGÉRIE-TUNISIE

1º Choix d'un itinéraire. — 2º Époque du voyage et hygiène à suivre. — 3º Budget de voyage, pourboires. — 4º Monnaies, mandats-poste, banques. — 5º Visite des mosquées. — 6º Chasse. — 7º Art industriel indigène.

Le voyage en Algérie-Tunisie a un caractère particulier. Il met le touriste en contact avec des populations de race et de civilisation tout à fait différentes de celles qu'on rencontre en Europe. Il lui permet d'observer en même temps l'œuvre colonisatrice poursuivie depuis trois quarts de siècle par la France et d'apprécier sa portée. A côté des anciennes races indigènes, il lui montre en plein développement une

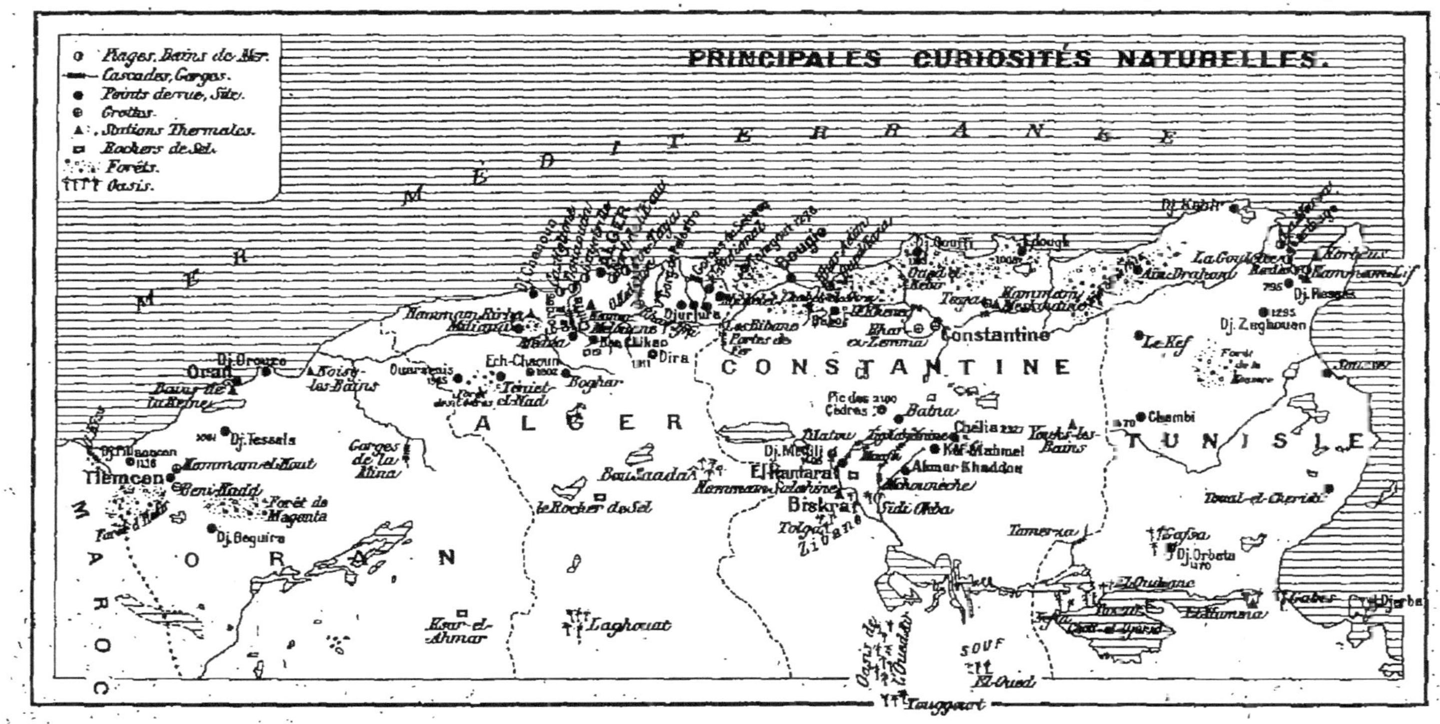

PRINCIPALES CURIOSITÉS NATURELLES.
Plages, Bains de Mer.
Cascades, Gorges.
Points de vue, Site.
Grottes.
Stations Thermales.
Rochers de Sel.
Forêts.
Oasis.
MÉDITERRANÉE
MAROC
ORAN
ALGER
CONSTANTINE
TUNISIE
Oran
Tlemcen
Dj. Tessala
Dj. Nançon
Hammam-el-Hout
Beni-Hadd
Forêt de Magenta
Dj. Beguira
Garges de la Mina
Djurjura
Hammam-Rirha
Médéa
Boghar
Ech-Chaoui
Ouarsenis
Téniet el-Had
Dira
Ksar-el-Ahmar
Laghouat
le Rocher de Sel
Bou Saada
Hammam Salahine
Biskra
Tolga
Zibane
Sidi Okba
El Kantara
Dj. Metlili
Batna
Pic des Cèdres
Chélia
Kef Mahmel
Akmar Khaddou
Khenchela
Youks-les-Bains
Constantine
Khar ez-Zenma
Le Kef
Chambi
Dj. Zeghouen
La Goulette
Aïn Drahan
Hammam-Lif
Dj. Ressas
Djerba
Tozal el-Cherid
Tamerza
Gafsa
Dj. Orbata
El Hamma
Souf
El-Oued
Touggourt
Oasis de l'Ouad

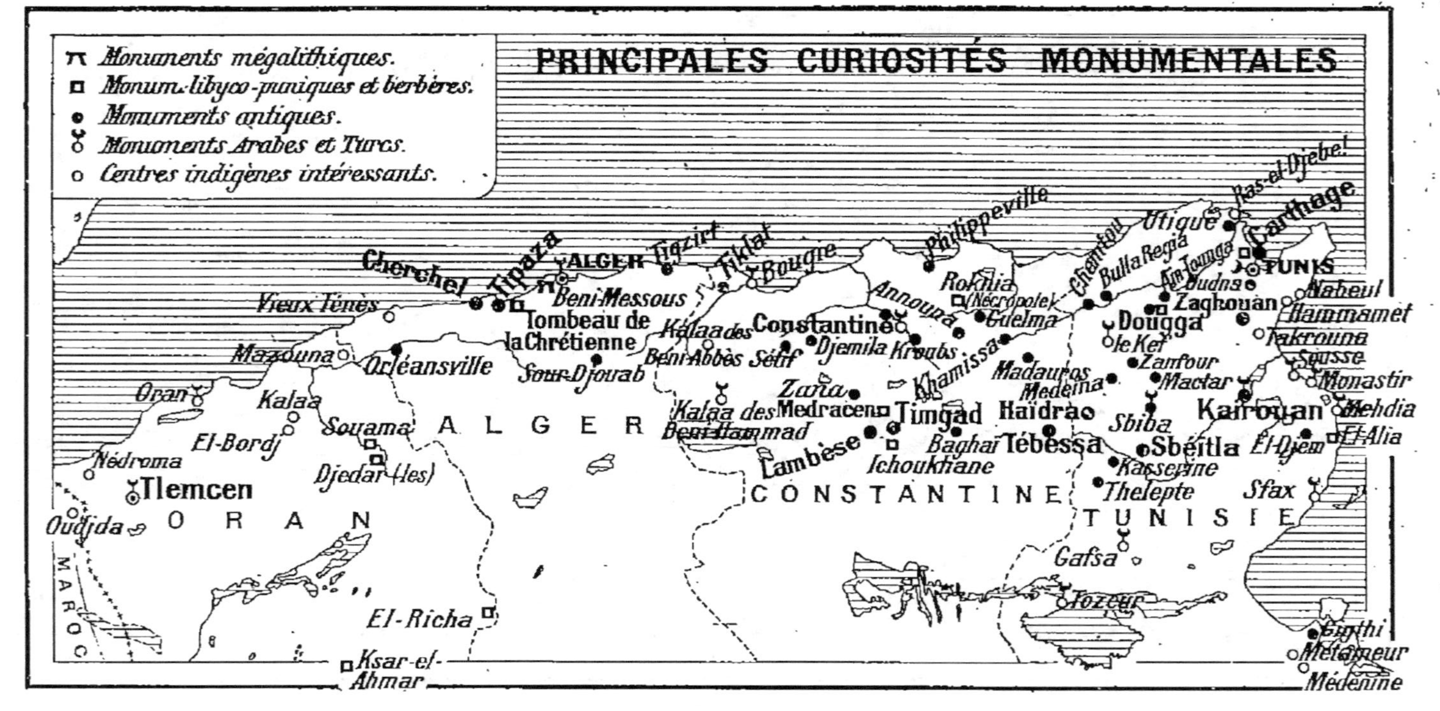

PRINCIPALES CURIOSITÉS MONUMENTALES
Monuments mégalithiques.
Monum. libyco-puniques et berbères.
Monuments antiques.
Monuments Arabes et Turcs.
Centres indigènes intéressants.
MAROC
ORAN
ALGER
CONSTANTINE
TUNISIE
Oran
Tlemcen
Nédroma
Oudjda
Kalaa
El-Bordj
Souama
Djedar (les)
El-Richa
Ksar-el-Ahmar
Mazouna
Orléansville
Sour-Djouab
Vieux Ténès
Cherchel
Tipaza
ALGER
Beni-Messous
Tombeau de la Chrétienne
Tizirt
Tiklat
Bougie
Kalaa des Beni-Abbès
Séif
Kalaa des Beni Hammad
Medracen
Zana
Lambèse
Ichoukhane
Constantine
Djemila
Kroubs
Announa
Guelma
Khamissa
Timgad
Baghaï
Tébessa
Madauros
Medeina
Haïdrao
Philippeville
Rokhia
(Nécropole)
Chemtou
Bulla Regia
Utique
Ras-el-Djebel
Carthage
Aïn Tounga
Dudna
TUNIS
le Kef
Zanfour
Dougga
Zaghouan
Nabeul
Hammamet
Takrouna
Sousse
Mactar
Monastir
Sbiba
Sbéitla
Kairouan
Kasserine
Thelepte
Mehdia
El-Djem
El-Alia
Sfax
Gafsa
Tozeur
Gigthi
Métameur
Médenine

race nouvelle, formée d'éléments divers, encore distincts et comme opposés maintenant, mais qui tendent à se fondre et à s'harmoniser en un ensemble où domine l'élément français.

Les ruines antiques éparses un peu partout rappelleront aux voyageurs que les Romains avaient créé en Algérie-Tunisie des établissements que les nôtres auront peine à égaler. Les monuments moins nombreux, mais intéressants, des périodes arabo-berbère et turque les transporteront dans un monde différent, oriental si l'on veut, — bien que l'Afrique du Nord soit « le pays de l'occident » (*maghreb*), — mais d'un orientalisme spécial, modifié par les influences autochtones.

Ces témoins des civilisations passées mis à part, on ne rencontrera ni édifices dignes de remarque ni collections d'œuvres d'art. A l'exception de leurs quartiers indigènes, trop souvent dénaturés, et de quelques musées archéologiques, les villes algériennes et tunisiennes n'ont à peu près rien qui mérite de retenir l'attention. Le grand intérêt du voyage est dans le pittoresque et la variété des sites et des aspects, l'originalité de certains d'entre eux pour des yeux européens, la beauté de la lumière, l'étrangeté des végétations, enfin le curieux spectacle de la vie indigène.

1° Choix d'un itinéraire. — On peut parcourir l'Algérie-Tunisie entière en faisant la tournée que nous appellerons le grand circuit, d'Oran à Tunis par Alger, Constantine et Biskra, ou l'inverse. Les voyageurs craignant la mer et ne regardant pas à la dépense pourront, en ce cas, réduire le temps des traversées au minimum en passant, d'un côté, par l'Espagne et Carthagène, de l'autre, par l'Italie et la Sicile. Ce grand circuit, pour être effectué d'une façon un peu complète, avec les excursions qu'il comporte normalement, et sans presser les étapes de façon fatigante, demande, même à des automobilistes, de cinq à six semaines. Aussi ne saurait-il être recommandé aux touristes disposant d'un temps limité. Il ne saurait l'être davantage à ceux qui voudraient greffer sur l'itinéraire ci-dessus des excursions complémentaires de quelque importance. En fait, la plupart des touristes devront choisir entre l'Est et l'Ouest, les deux tournées ayant l'une et l'autre leur point de départ ou d'arrivée à Alger.

La tournée de l'Est, qui est généralement préférée et qui constitue pour ainsi dire le voyage classique d'Algérie, comporte : Alger et ses environs, dans lesquels il faut comprendre Blida, Tipaza et Cherchel, Hammam-Rirha, Téniet-el-Had, la Kabylie du Djurjura ; — Constantine, où l'on se rendra, soit directement, soit par la Kabylie du Djurjura et celle des Babors ; — Biskra (qu'on peut aussi gagner directement d'Alger sans toucher Constantine), à l'aller ou au retour

duquel se fera la visite de Timgad ; — Tunis (arrêt
éventuel en cours de route à Constantine) et ses environs, compris Dougga et Kairouan.

La tournée de l'Ouest comporte : — Alger et ses
environs comme ci-dessus ; — Oran, soit directement,
soit avec diversions sur Hammam-Rirha et Téniet-el-
Had ; — Tlemcen.

A ces itinéraires-cadres, les touristes adjoindront les
compléments que leur inspireront leurs préférences ;
pour fixer celles-ci, on fera bien de consulter le Guide-
Joanne *Algérie et Tunisie* et d'en relever attentive-
ment les indications. — Aux amateurs de sites pittoresques et forestiers, nous recommanderons, outre
Téniet-et-Had, l'Atlas de Blida et les Kabylies, d'abord
toute la région littorale de l'Est (El-Milia, le Bougaroun et Collo, le massif de l'Edough, le pays entre
Souk-Ahras et la Calle, la Khroumirie), puis l'Aurès et
le Bellezma, ainsi que les massifs boisés de la frontière algéro-marocaine, toutes excursions de printemps
déjà avancé. — Les touristes désireux de connaître le
désert et ses oasis (excursions d'hiver et de premier
printemps) ne se borneront pas à Biskra et aux
Zibans ; le Figuig, Laghouat et le Mzab, Bou-Saada,
l'Oued-Rir et au besoin le Souf, enfin et surtout les
oasis du Sud-Tunisien (Gabès, Djerba et le Djérid, avec
ou sans Tripoli) devront attirer leur attention. — Pour
l'archéologie du moyen âge indigène, Tlemcen, d'une
part, et Kairouan, de l'autre, feront connaître l'essen-
tiel. Mais l'archéologie antique est loin d'être tout
entière à Timgad ou dans les musées des villes :
Tébessa, El-Djem, Sbéïtla, pour ne citer que les ruines
les plus importantes et les plus aisément accessibles,
méritent aussi d'être visités.

Complétées par des excursions choisies parmi celles
qui viennent d'être signalées, les deux tournées ci-
dessus demanderont à des automobilistes, la première
de trois semaines à un mois, la seconde de quinze
jours à trois semaines. A titre d'indication, voici un
itinéraire d'ensemble, qui a son point de départ à
Alger et son point d'arrivée à Tunis ; les deux tournées s'y trouvent combinées ou plutôt juxtaposées :

1° D'Alger à Oran, par Tipaza, Cherchel, Ténès, Orléansville,
et Mostaganem, 500 k. env. — En cours de route, excursions
éventuelles à l'Ouarsenis, à Mazouna, à Kalaa et El-Bordj ;
2° D'Oran à Tlemcen, par Aïn-Témouchent, 138 k. — De
Tlemcen, excursions à la forêt d'Hafir, à Nédroma, à la frontière marocaine ;
3° De Tlemcen à Mascara, par Sidi-bel-Abbès, 180 k. — De
Mascara, éventuellement excursion dans le Sud-Oranais et à
Figuig (en auto jusqu'à Saïda, en chemin de fer au-delà) ;
4° De Mascara à Téniet-el-Had, par Frenda et Tiaret, 267 k.
env. ;
5° De Téniet-el-Had à Blida, par Miliana et Hammam-Rirha,
150 env. — De Blida, excursion à (283 k.) Laghouat, qu'on
pourra combiner avec une pointe jusqu'à Bou-Saada, en déboîtant,
au retour, soit de Djelfa sur Bou-Saada (120 k, env.; simple
piste ; s'informer de sa viabilité), soit de Berrouaghia sur

Aumale (80 k. env.; s'informer également de la viabilité de la
route). D'Aumale à Bou-Saada, 125 k.; et de Bou-Saada à Alger,
par l'Arba, 249 k.;

6° D'Alger à Bougie, par la Grande-Kabylie, en poussant, par
Fort-National et Michelet, une pointe jusqu'au col de Tirourda,
et en revenant de ce col à Fort National, d'où l'on gagnera
Bougie, par Azazga et El-Kseur, 350 k. env.;

7° De Bougie à Constantine, soit par le Chabet-el-Akra et
Sétif, avec pointe en cours de route de Souk-et-Tnine à Cap-
Cavallo (320 k. env.), soit par Djidjelli et Mila, avec pointe en
cours de route de Souk-et-Tnine à Kerrata (306 k env.) soit enfin
par Djidjelli (avec pointe sur Kerrata), El-Milia, Tamalous
(avec ou sans pointe sur Collo) et le Col-des-Oliviers (335 k.
env. sans Collo et 386 k. avec Collo);

8° De Constantine à Biskra, 238 k.;

9° De Biskra à Bône, par Batna, Timgad, Khenchela, Aïn-
Beïda (d'où excursion éventuelle à Tébessa, 190 k. aller et
retour), Oued-Zenati, Hammam-Meskoutine (à 5 k. à g. de la
route) et Guelma, 450 k. env., non compris Tébessa;

10° De Bône à Tunis, soit directement par La Calle, Babouch
(avec pointe jusqu'aux Chènes), Tabarca et Béja (340 k. env.),
soit par La Calle, Babouch, Aïn-Draham, Souk-el-Arba, Le Kef
et Teboursouk-Dougga (390 k. env.);

11° De Tunis à Teboursouk-Dougga, aller et retour, 216 k. (au
cas où l'on a suivi le premier des deux itinéraires qui précèdent);

12° De Tunis à Kairouan, par Enfidaville, avec pointe en
cours de route de Potinville à Korbous, 210 k. env. — De
Kairouan, excursion, par chemin de fer, à Sbéitla, et éventuellement à Metlaoui (Djérid);

13° De Kairouan à Sfax, par El-Djem, 161 k. — De Sfax,
excursion à Gabès, aller et retour, 272 k. (éventuellement,
excursion, par bateau, de Gabès à Djerba). — De Sfax également,
ment, excursion, par chemin de fer, à Gafsa et à Metlaoui,
(Djérid);

14° De Sfax à Tunis, par Djebeliana, Mehdia, Monastir et
Sousse, 315 k. env.

2° Epoque du voyage et hygiène à suivre. —
On peut voyager à toute époque en Algérie-Tunisie. La saison la plus agréable pour la moyenne
des touristes est le printemps, de février-mars à avril-
mai, bien qu'on y ait parfois le contre-temps de pluies
abondantes. L'automne et l'hiver présentent le même
inconvénient, aggravé par la brièveté des jours.
Quant à l'été, sauf certains jours de siroco, il est supportable dans les régions un peu élevées, à condition
de se lever tôt, de se coucher tard et de faire la sieste
au fort de la chaleur; c'est la saison qui convient aux
véritables amateurs de soleil, qui tiennent à voir
l'Afrique sous son plus original et splendide aspect.

L'hygiène à suivre ne diffère pas de celle d'Europe
et l'alimentation n'appelle pas davantage d'observation
particulière. Quelle que soit la saison, on se munira
de vêtements chauds et de couvertures. L'usage de la
ceinture de flanelle est recommandable. Il en est de
même de celui du casque colonial, très supérieur au
parasol, si l'on voyage en saison chaude. Les touristes
excursionnant dans le Sud feront bien de porter des
lunettes à verres bleus ou fumés, et même, au cas de
vent, des lunettes du type employé par les automobilistes.

Pour des tournées en pays écarté des centres européens, il sera bon d'avoir une petite trousse garnie de
sulfate de quinine pour la fièvre, d'alcali, de phénol
et de nitrate d'argent pour les piqûres d'insectes ou
de serpents, de ciseaux, d'un bistouri et d'une lancette ;
on y pourra joindre des insecticides, qui permettront
de recourir avec moins d'appréhension à l'hospitalité
indigène.

3° Budget de voyage, pourboires. — Le budget
d'un voyage en Algérie-Tunisie ne saurait être fixé
rigoureusement. Prix du transport jusqu'au port
d'arrivée mis à part, on peut estimer la dépense
journalière d'un touriste moyen de 20 à 25 fr. tout
compris. Cette dépense s'élèvera notablement si l'on
fait seul de grandes courses en voitures particulières,
surtout si ces voitures sont des automobiles. Elle
s'abaissera de façon appréciable si l'on voyage en
dehors de la saison usuelle (hiver et premier printemps) ; il en sera de même, en toute saison, si l'on
suit un itinéraire qui s'écarte des routes ordinairement
suivies.

Les indigènes algériens et tunisiens ne sont pas
naturellement importuns. Ils ne sont devenus tels
que dans les localités fréquentées par les touristes, et
par la faute de ceux-ci, dont beaucoup distribuent
inconsidérément pourboires et aumônes. En fait, les
services rendus par les indigènes seront toujours suffisamment rémunérés par des gratifications inférieures
à celles d'usage en France.

4° Monnaies, mandats-poste, banques. — Algérie.
— Le numéraire ayant cours en France a cours également en Algérie. Il en est de même des billets de la
Banque de France. En outre, la Banque de l'Algérie
émet des billets spéciaux à la colonie et à la Tunisie,
qui comprennent, outre les coupures usuelles de 50,
100, 500 et 1,000 fr., des coupures de 20 fr. Ces billets
circulent au pair en Algérie-Tunisie et peuvent être
négociés, lors du retour en France, moyennant un
change peu important.

Tunisie. — Les monnaies divisionnaires françaises
ou de l'Union latine n'ont pas cours. Elles sont remplacées par des pièces tunisiennes de bronze et
d'argent des mêmes valeurs et modules. Il y a également des pièces d'or tunisiennes de 10 et de 20 fr. ;
comme elles n'ont pas, tout au moins officiellement,
cours en France, on s'en débarrassera avant de s'embarquer. — Il n'y a pas de pièces de 5 fr. tunisiennes
en argent ; celles de l'Union latine en tiennent lieu.
— La Banque de l'Algérie, installée depuis 1904 en
Tunisie, a obtenu le privilège d'y émettre des billets
semblables à ceux qu'elle émet en Algérie. Les billets
de la Banque de France sont, cela va sans dire, concurremment acceptés partout.

Le régime des mandats-poste et des mandats télégraphiques est le même qu'en France, sous la réserve que les mandats en provenance de la Tunisie sont émis en la forme de mandats internationaux.

De nombreuses banques permettent l'usage des lettres de crédit. Nous signalerons, outre les succursales de la *Banque de l'Algérie*, du *Crédit foncier d'Algérie et de Tunisie* et de la *Compagnie Algérienne* (correspondante de la *Société générale*), qu'on trouvera établies dans tous les centres importants, les agences du *Crédit Lyonnais* (Alger, Oran, Constantine, etc.) et du *Comptoir national d'Escompte* (Tunis).

5° Visite des mosquées. — L'entrée des mosquées et des zaouïas est libre en Algérie. Si l'on dépasse la partie voisine de l'entrée et dégarnie de nattes ou de tapis, on devra mettre par-dessus sa chaussure des babouches ou des sandales (le gardien du monument en tient généralement à la disposition des visiteurs ; gratification modérée). En Tunisie, sauf à Kairouan, l'accès des mosquées est interdit aux Européens.

C'est pendant le Ramadan, carême musulman d'une durée d'un mois (dont la date varie par suite de la discordance de l'année lunaire des Arabes avec notre année solaire), que les cérémonies du culte islamique sont les plus intéressantes. Durant cette période, les prières du soir constituent (à Alger notamment) un spectacle des plus curieux. On peut signaler aussi la prière qui se dit, à toute époque, l'après-midi du vendredi.

6° Chasse. — L'Algérie-Tunisie n'est plus un pays de chasses héroïques. Les lions ont totalement disparu et les panthères sont d'une extrême rareté. Néanmoins, les chasseurs qui s'écarteront des villes (autour desquelles le petit gibier lui-même a beaucoup diminué) et battront le pays indigène, seront récompensés de leurs fatigues. Tous les massifs boisés ou broussailleux (surtout à l'E. d'Alger, dans le département de Constantine et les montagnes tunisiennes limitrophes) abondent en sangliers. Cailles, perdrix, grives, lièvres et lapins ne manquent pas à la saison, non plus que les bécassines, les canards, les bécasses, les poules de Carthage, dans les endroits qui leur conviennent. — Dans le Sud, on trouvera des gazelles et des outardes. Les montagnes qui bordent le désert sont l'habitat de mouflons, dont la poursuite est difficile. Enfin, c'est dans le Sud qu'on a chance de pouvoir chasser au faucon.

Les règlements administratifs en matière de chasse sont semblables à ceux de France. La chasse est ouverte normalement du 15 août au début de février, et du 15 mars au 15 avril pour les oiseaux de passage ; elle est permise toute l'année contre les espèces nuisibles. On ne peut chasser qu'avec un permis, mais cette pièce n'est pas aussi strictement exigée en territoire militaire qu'en territoire civil. La chasse au mouflon est l'objet, en Tunisie, d'une règlementation spéciale ; elle n'est autorisée que dans certaines régions déterminées, par des décisions administratives sujettes à modifications (s'informer).

7° Art industriel indigène. — Les indications qui suivent sont le résumé de renseignements qu'a bien voulu nous transmettre M. Ricard, inspecteur de l'Enseignement artistique et industriel dans les écoles d'indigènes en Algérie.

L'art industriel fut très florissant dans l'Afrique du Nord au cours du moyen âge ; il concourut alors, de la façon la plus brillante, à la décoration des beaux édifices élevés par les architectes maghrébins. Depuis, bien qu'affaiblies, les traditions de certains métiers d'art se sont conservées et subsistent encore dans de nombreux ateliers familiaux indigènes. Tant en Tunisie qu'en Algérie, on s'efforce, depuis quelques années, par des encouragements divers et par la création de cours professionnels, d'assurer la conservation et de favoriser le développement de cet art industriel ; des résultats intéressants ont déjà été obtenus. Néanmoins, la plupart des articles offerts en vente comme de provenance indigène dans les villes fréquentées par les touristes ne sont que de médiocres contrefaçons, fabriquées à bas prix ailleurs qu'en Algérie-Tunisie. Les amateurs de pièces authentiques feront bien, avant d'effectuer leurs achats, d'étudier avec soin les collections d'art indigène du Musée de Mustapha, s'ils sont à Alger, ou celles du Musée du Bardo, s'ils sont à Tunis ; ils apprendront ainsi à reconnaître les véritables produits locaux et sauront se garer des supercheries.

Les *tapis* algériens ou tunisiens sont à haute laine et à points noués à la main. Les types les plus caractéristiques sont ceux du Djebel Amour et de Kalaa (Oran), du Guergour, des Zibane, du Souf et de Tébessa (Constantine), de Kairouan (Tunisie). D'assez nombreuses écoles de tapis ont été organisées en Algérie et cette industrie semble actuellement en voie de progrès marqué. — Des tapis à poil ras, de prix relativement peu élevé, sont confectionnés au Mzab, dans la région d'Aflou, chez les Beni-Snous (près Tlemcen), à Kairouan.

Dans la catégorie des tissus, il y a lieu de mentionner, outre les *burnous*, qu'on produit un peu partout, les *haïks arabes*, fins tissus de laine blanche, ornés ou non de rayures de soie (Tlemcen, El-Kantara, Bou-Saada, Laghouat, Djerba), les *haïks berbères*, tissus beaucoup plus lourds, de fond écru ou bleu foncé, sur lequel se détache une décoration géométrique (Grande-Kabylie, Bougie, El-Milia), enfin les *couvertures* à dessins de couleurs vives (Tlemcen, Blida, Frenda, Aflou, Gafsa).

Les Mauresques d'Alger exécutent de belles *broderies de soie* de tradition turque. — Dans toutes les villes du littoral, et spécialement à Tunis, les femmes pratiquent l'art de la dentelle (*dentelles à l'aiguille* en fil ou en soie). — Les *broderies en fils d'or ou d'argent* sur cuir ou sur étoffe sont du ressort des hommes; il y a d'habiles artisans en ce genre à Alger (rue Médée), à Oran, à Tlemcen, à Constantine, à Tunis (souk des Selliers).

Les *bijoux* sont fabriqués par des ouvriers juifs ou kabyles. Ce sont en général de lourdes pièces d'argent rehaussées de motifs repoussés ou ciselés, d'incrustations de corail ou de verroteries, parfois de filigranes et d'émaux (Beni-Yenni).

A signaler encore les *cuivres* repoussés (Oran, Constantine) ou incrustés (Alger), les *bois ouvrés* (Tlemcen, Oran), les *produits céramiques* (Tunis, Nabeul, Grande-Kabylie).

Il y a chaque année, de décembre à février, à la médersa d'Alger, rue Marengo, une exposition d'articles indigènes où les visiteurs peuvent faire des achats (entrée gratuite).

On pourra trouver dans quelques rares maisons spéciales, à peu près exclusivement à Alger et à Tunis, des pièces anciennes des catégories ci-dessus, ainsi que de celle des armes (dont la fabrication est maintenant tout à fait abandonnée). Ces pièces anciennes, lorsqu'elles sont authentiques et de bonne époque, sont souvent tout à fait intéressantes. Mais en cette matière, plus encore qu'en celle des articles contemporains, il conviendra d'être doué de sens critique et quelque peu connaisseur, les inexactitudes et les erreurs d'attribution, pour ne pas dire les fraudes et les truquages, y étant de monnaie courante.

C. — HOTELS ET RESTAURANTS ;
AUBERGES ET GITES

1° Hôtels. — Les hôtels des localités où passent ordinairement les touristes sont, à la saison, assez chers. Leurs tarifs généraux s'élèvent à 12 et 15 fr. par j., sinon davantage pour les hôtels dits de premier ordre des villes telles qu'Alger, Biskra et Tunis. Ils ne s'abaissent guère au-dessous de 9 à 10 fr., même pour de simples auberges, tout au moins dans la Kabylie du Djurjura. — Signalons l'usage qui s'est introduit dans quelques établissements, généralement dirigés par des gérants exotiques, de compter le vin à part. Dans un pays où le vin de bonne qualité coûte, année moyenne, 25 à 30 c., c'est un procédé abusif. — La tenue des chambres et la qualité de la cuisine ne sont pas toujours celles qu'on serait en droit d'attendre, bien qu'il y ait en ce sens quelques

progrès. — En faisant prix d'avance, précaution à ne
jamais oublier, on obtiendra, pour des séjours surtout,
d'appréciables réductions.

Les voyageurs ne disposant que de ressources
modestes se trouveront bien de descendre dans les
hôtels secondaires que fréquentent les gens du pays;
ils y seront le plus souvent assez bien et paieront des
prix beaucoup plus modérés.

Les hôtels des centres même importants situés en
dehors de l'itinéraire usuel des touristes, tels que
Bône et Philippeville, dont certains sont bien tenus,
appliquent les tarifs normaux du pays, qui ne dépas-
sent guère 10 fr. et se tiennent en général au-dessous.

2° Restaurants. — Il n'y a de restaurants distincts
de ceux des hôtels que dans les grandes villes, telles
qu'Alger, Oran, Tunis. Ces restaurants sont à la carte
ou à prix fixe.

Sauf quelques plats méridionaux, comme la bouil-
labaisse, ou locaux, comme le couscouss (mouton ou
poulet sur de la semoule cuite à la vapeur, garnie de
pois chiches et relevée d'une sauce très pimentée), ou
le méchoui (mouton grillé), la cuisine algérienne n'offre
rien de particulier. La viande est presque toujours
moins bonne qu'en France. Il en est de même du gibier.

Les vins algériens sont le plus souvent bons ou du
moins fort passables. Certains crus (Aïn-Bessem, co-
teaux du Sahel d'Alger, Mascara, Médéa, Miliana) don-
nent des produits de haute qualité (surtout en blanc),
qu'on préférera dans bien des cas aux vins français
d'importation, d'origine plus ou moins authentique.

L'eau est bonne dans les villes du littoral et du Tell.
Elle est fréquemment un peu salée et magnésienne
dans le Sud (à Biskra notamment). Mais on retrouvera
partout des eaux minérales, parfois de provenance
locale, plus souvent de provenance française.

**3° Grand tourisme et excursions en pays indi-
gène.** — Il existe des auberges, bonnes ou mauvaises,
dans tous les villages européens, mais ceux-ci ne sont
pas encore assez nombreux, dans beaucoup de régions,
pour qu'on soit assuré, au cas de courses de grand
tourisme, d'en rencontrer à chaque étape. Aussi bien,
ces courses ne seront commodément effectuées qu'en
faisant appel au bienveillant concours des autorités
locales (administrateurs des communes mixtes en
Algérie, contrôleurs civils en Tunisie, officiers des
Affaires indigènes en territoires militaires), concours
qu'on obtiendra, soit sur simple demande appuyée de
quelques références, soit sur lettre de recommandation délivrée par les bureaux du Gouvernement général
de l'Algérie ou de la Résidence de Tunis. L'interven-
tion de ces autorités assurera le recrutement, moyennant rétribution, des hommes et des animaux néces-
saires (*V.* ci-dessous, D, 3°), ainsi que le bon accueil
et la coopération, s'il en est besoin, des agents indigènes et de leurs administrés.

En ce qui concerne les provisions de bouche, on
trouvera généralement dans les douars ou villages
indigènes des œufs, de la volaille, un mouton ou un
chevreau, parfois du gibier, le tout à des prix très
modérés ; le beurre et l'huile sont de délestable qualité ; il en est de même des galettes qui constituent le
pain arabe. Les provisions qu'on emportera varieront
suivant les goûts et les besoins de chacun ; mais il
sera prudent d'avoir toujours, à titre de vivres de
réserve, des conserves, du pain et du vin pour un
jour ou deux.

Quant au gîte, les touristes recommandés pourront
recourir à l'hospitalité indigène ; mais ils préféreront
sans doute, en raison de la saleté des habitations, se
munir d'une tente et camper en dehors des douars.
En territoires militaires, outre quelques caravansérails-
hôtels (tarif affiché ; offrent plus ou moins de ressources, mais fonctionnent tous militairement), on
rencontre de distance en distance des bordjs qui assurent tout au moins un abri. Il suffira en ce cas d'empor-
ter un lit de campagne (peu encombrant lorsqu'il est
roulé et pesant quelques kilogr. seulement). — L'administration des Travaux publics de Tunisie a installé sur
certains parcours des bordjs analogues. Quelques-uns se
trouvent même pourvus d'une chambre réservée et de
lits, dont on obtiendra l'usage sur recommandation,
moyennant une rétribution modique. — En pays
forestiers, on pourra parfois (sur recommandation du
Service des Forêts) se faire héberger dans les maisons
des gardes, qu'il conviendra naturellement de rému-
nérer en conséquence.

Il n'est pas possible de donner ici des indications
qui s'appliquent uniformément à tous les cas. En règle
générale, les amateurs de courses de ce genre devront
se renseigner soigneusement sur place avant le départ,
afin d'organiser leur équipement et de régler leurs
étapes conformément aux nécessités de l'itinéraire. Ce
faisant, ils ne devront pas oublier que les fonctionnaires français, tant civils que militaires, ne sont
aucunement chargés d'hospitaliser les touristes ; il
serait souverainement indiscret d'escompter leur gra-
cieux accueil et de s'imposer à eux en voyageant sans
le matériel et les provisions indispensables.

D. — MOYENS DE TRANSPORT

1° Chemins de fer. — 2° Voitures publiques et particulières. — 3° Chevaux, mulets et ânes. — 4° Automobiles.

N. B. — Les indicateurs généraux des chemins de fer, des
services maritimes, des voitures publiques et autres renseignements pratiques sont : — *Livret Chaix*, paraissant tous les

mois, Paris, Chaix, r. Bergère, 20, 50 c. ; — *Guide-Chappuis* ou *Guide-poche algérien*, Alger, r. Juba, 2, 60 c. ; — *Livret A. Jourdan*, Alger, pl. du Gouvernement, 50 c. ; — *Horaire-Guide illustré des lignes C. F. R. A.*, Alger, Leroux, 20 c. (très commode pour Alger et ses environs) ; — *Indicateur Fouque*, Oran, Fouque, 50 c. ; — *Indicateur complet pour la Tunisie*, Tunis, Niérat et Fortin, 30 c.

1° Chemins de fer. — Le réseau ferré d'Algérie-Tunisie compte env. 5.000 k., qui desservent fort imparfaitement un pays aussi grand que la France. Il est présentement réparti entre plusieurs exploitations (Etat algérien, P.-L.-M. et Ouest-Algérien, en Algérie, Bône-Guelma et Sfax-Gafsa en Tunisie), qui sont soumises sensiblement aux mêmes règles que les chemins de fer français. — Le matériel est passable, mais la faible vitesse des trains, qui s'abaisse parfois à 25 et même à 20 k. à l'heure, allonge beaucoup les trajets.

Il y a des wagons-restaurants sur l'Alger-Oran, l'Alger-Constantine et le Tunis-Constantine (déj. 4 fr., din. 4 fr. 50, vin compris). — Il y a, dans les trains normaux de nuit, des places de luxe sur l'Alger-Oran, l'Alger-Constantine, l'Alger-Biskra (en hiver) et sur la ligne du Sud-Oranais.

Les chemins de fer départementaux sont exploités comme les lignes françaises analogues.

2° Voitures publiques et particulières. — On a fait des tentatives, dont quelques-unes semblent avoir réussi (en Tunisie), pour organiser des services publics par voitures automobiles; mais ce sont encore des exceptions et les voitures publiques d'Algérie-Tunisie sont, en règle générale, de fort peu confortables diligences ou breaks à chevaux. Le prix des places se tient le plus souvent aux environs de 10 c. par k. Il est beaucoup plus bas sur certains trajets fréquentés que desservent des services concurrents, mais plus élevé en revanche pour les lignes du Sud (Laghouat, Ghardaïa, Touggourt). Prix et horaires sont d'ailleurs sujets à des variations fréquentes et imprévues.

Les voitures particulières à chevaux coûtent à peu près les mêmes prix qu'en France (généralement moins chères en Tunisie). Pour les courses longues et dures, on attelle à 3 et même à 4 chevaux.—Pour les autos en location, *V.* ci-dessous, 4°.

3° Chevaux, mulets et ânes. — Le cheval ou le mulet constitue le procédé de transport le plus pratique en pays indigène. On s'en servira aussi bien comme monture que comme bête de somme. Il n'est pas besoin d'être cavalier ; car chevaux et mulets marchent l'amble, allure qui n'exige aucune connaissance de l'équitation, bien qu'elle puisse être très suffisamment rapide (de bonnes mules font de 8 à 9 k. à l'heure). L'endurance des animaux algériens, spécialement des mulets, est considérable; ils marchent couramment 8 et même 10 heures par jour, sous des charges dépassant 100 kilogr. — Si l'on ne possède pas de selle

dans son matériel de voyage, on aura soin de mettre
des couvertures sur la selle arabe du cheval ou le bât
(*berdâ*) du mulet qu'on montera, afin d'en atténuer la
dureté et les aspérités.

On négociera le plus souvent à l'amiable avec les
indigènes la location de chevaux ou de mulets. Au cas
où l'on y aurait de la difficulté, on s'adresserait à l'administrateur, au contrôleur civil ou à l'officier des
Affaires indigènes de la circonscription, dont l'inter-
vention serait d'un effet certain. — Le prix convenu
devra toujours, ce qui est d'ailleurs l'usage, comprendre le salaire de l'indigène conducteur, ainsi que sa
nourriture et celle de l'animal, ce qui évite tout vol et
toute contestation. Il pourra varier de 4 à 6 fr. par
jour, ce dernier chiffre devant être considéré comme
un maximum à ne pas dépasser, mais sans préjudice,
bien entendu, d'une indemnité de retour, s'il y a lieu.

Pour de petites courses, les touristes économes se
contenteront d'un âne ou bourricot, qu'ils monteront
comme tous les indigènes en s'asseyant sur la croupe;
on en trouve partout à très bon compte.

Dans le Sud, les bagages sont portés à dos de cha-
meau : mais on n'aura avantage à utiliser cet animal
comme monture que si l'on s'aventure dans le Sahara
proprement dit.

4° Autocyclisme. — Dans l'ensemble, les routes
d'Algérie-Tunisie sont très loin de valoir celles de
France; elles sont, de façon générale, moins bien en-
tretenues et de chaussées plus étroites; en outre, beaucoup d'entre elles sont encore en cours de construction
ou tout au moins d'achèvement définitif (ouvrages
d'art provisoires ou non exécutés encore; empierre-
ments légèrement établis ou présentant des lacunes).
Ce n'est donc pas dans l'Afrique du Nord qu'on pourra
établir des records de vitesse. Le réseau des routes
empierrées (15,000 k. environ), que complètent par
temps favorable un certain nombre de *pistes*, c'est-à-
dire de routes non empierrées, mais éventuellement
carrossables et cyclables, est néanmoins, dès maintenant, assez complet pour qu'on puisse effectuer des
tournées intéressantes en automobile ou à cycle; toutefois, si l'on veut dépasser les régions littorales, et
parfois même dans celles-ci, il sera difficile de combiner des *itinéraires bouclés* et on devra effectuer l'aller
et le retour par la même route. — Automobilistes et
cyclistes ne devront pas oublier que les pistes consi-
dérées comme carrossables et cyclables ne sont telles
que par temps sec bien établi; en outre, quel que soit
le temps, ils ne devront s'engager sur ces chemins
qu'après s'être informé sur place de leur praticabilité,
spécialement aux passages des cours d'eau. Même si
l'on a l'intention de ne pas s'écarter des routes empierrées, nous conseillons de ne pas entreprendre de
grand voyage à la saison d'hiver. L'Algérie étant très
accidentée et certaines routes se maintenant à des

altitudes notables, où la neige tombe en abondance, on
serait exposé à se trouver aux prises avec de réelles
difficultés.

Les cyclistes auront naturellement tout avantage à
se munir de machines robustes et de construction
simple, de *routières* véritables. L'idéal de la routière
variant suivant les goûts et les aptitudes, nous nous
abstiendrons d'en définir le type. Nous recommandons
l'usage des valves métalliques pourvues d'obturateurs
en cuir, les valves en caoutchouc s'altérant fréquemment par la chaleur. En outre, si l'on se sert d'une
machine à multiples développements (ce qui sera cer-
tainement préférable), il conviendra de choisir l'infé-
rieur aussi faible que possible, en raison des pentes
souvent très fortes, ainsi que du médiocre état de bien
des sections (sable, boue, etc.) On fera bien d'avoir
deux freins, l'un et l'autre capables d'un bon service
continu.

On trouvera des automobiles en location, non seulement dans les villes importantes, telles qu'Alger, Tunis, Constantine, Oran, Bône, mais encore dans bon
nombre de centres plus modestes, comme Sidi-bel-
Abbès, Orléansville, Sétif, Bougie, Bordj-bou-Arréridj,
Sousse, Sfax, etc. Les prix demandés, dans les localités que fréquentent les touristes, sont généralement
plus élevés qu'en France, tout au moins pour ceux-ci,
qui feront bien de débattre sévèrement les conditions
qu'on leur fera. En dehors des itinéraires usuels des
touristes, ces prix sont à peu près les mêmes qu'en
France. — On trouvera des bicyclettes à louer dans
toutes les villes, aux prix d'usage en France.

Pour le transport des autos et des bicyclettes de
France en Algérie et en Tunisie, ou inversement, *V.*
ci-dessus, A, 1°; pour les formalités douanières au cas
d'introduction temporaire à titre touristique, *V.* ci-dessus, A, 3°.

E. — POSTES ET TÉLÉGRAPHES

Les tarifs postaux sont les mêmes qu'en France.
Toutefois, la Tunisie a un tarif intérieur moins élevé
pour les cartes postales (5 c.); en outre les lettres pour
l'Italie n'y paient que 20 c. — Les timbres employés
en Algérie sont ceux de France; la Tunisie possède des
timbres spéciaux de valeurs identiques.

Les tarifs télégraphiques d'Algérie-Tunisie sont
également les mêmes que ceux de France, soit 5 c. par
mot avec un minimum de 50 c. En payant double taxe,
soit 10 c. et 1 fr., on peut faire transmettre par priorité, et avant toute autre dépêche au tarif simple, un
télégramme à destination de la France.

Nous recommandons aux touristes de se munir du

livret postal d'identité international, délivré (pour
50 c.) par tous les bureaux de poste, sur le vu
duquel ils retireront tout envoi postal ou télégra-
phique.

Des réseaux téléphoniques urbains et interurbains
existent en Algérie et en Tunisie.

F. — LANGUE

On n'aura que très exceptionnellement besoin d'un
interprète. Même lorsqu'on voyage en pays tout à fait
indigène, on parvient sans trop de peine à se faire
comprendre et à obtenir, tant bien que mal, les renseignements indispensables.

Pour appeler, on dira *ia ouled* (holà, garçon) ou *ia
rajel* (holà, homme). — Pour congédier, ou simple-
ment pour se débarrasser d'un importun : *roh* (Algérie),
ou *bara* (Constantine et Tunisie), ou encore *iamchi*,
termes qui signifient « va-t'en » et qu'on peut
appuyer de l'adverbe *fissâ* (vite). — Pour se faire faire
place : *balek* (prends garde) ou *rod balek*, *bara balek*,
qui sont plus énergiques. — La négation s'exprime
par *macache*, qu'on adjoindra au mot exprimant ce
qu'on veut dénier ou refuser, par exemple *macache
flousse* (je n'ai pas d'argent).

Pour s'informer d'un prix, on adresse l'interroga-
tion *kaddèche* (combien). — On compte en sous (*sordi*
ou *soldi*), en francs (*franco*) et en *douros* (écus de
5 francs).

Un	*ouahade.*	Six		*setta.*
Deux	*tnine, zoudj.*	Sept		*sebâ.*
Trois	*tléta.*	Huit		*iménia.*
Quatre	*arbâ.*	Neuf		*tessâ.*
Cinq	*khamsa.*	Dix		*âchra.*

On obtient les nombres de 11 à 19 en apposant aux
précédents le suffixe *ache* ou *tache*, par exemple
tnache (douze), *arbâtache* (quatorze).

Vingt se dit *âchrine* et les dizaines suivantes se
forment sur les unités correspondantes par adjonc-
tion de *ine*, par exemple *arbâïne* (quarante), *settine*
(soixante). — Les nombres intermédiaires s'expriment
en énonçant d'abord l'unité, puis la dizaine, qu'on
réunit par la copulative *ou*, par exemple *setta ou
âchrine* (vingt-six), *tléta ou khamsine* (cinquante-
trois). — Cent se dit *mia* et mille *alef*. — La moitié
se dit *nousse* et le quart *rebousse* ; les autres termes
fractionnaires sont aussi dérivés des dix premiers
nombres, par exemple *telte* (tiers), *khemousse* (cin-
quième), *âchour* (dixième).

G. — CARTOGRAPHIE

La série des huit cartes routières ci-dessous, qui embrassent toute la région littorale jusqu'à 75 k. environ dans l'intérieur, permettront aux touristes de s'orienter. — Ceux qui voudront avoir recours à des cartes plus détaillées trouveront à Paris (dépôt chez Chapelot, passage Dauphine, 30) et chez les principaux libraires d'Alger, d'Oran, de Constantine et de Tunis les cartes du *Service géographique de l'armée*, à savoir : cartes de l'Algérie et de la Tunisie au 800,000ᵉ (ensemble 6 feuilles à 1 fr. chacune ; déjà anciennes et peu au courant) ; cartes en cours de publication de l'Algérie au 200,000ᵉ et au 50,000ᵉ, de la Tunisie au 200,000ᵉ (complètement parue à titre provisoire), au 100,000ᵉ et au 50,000ᵉ (respectivement 70 c., 1 fr. 20 et 1 fr. 50 la feuille). Les tableaux d'assemblage, qu'on se fera présenter chez le libraire, permettront de se rendre compte de l'état d'avancement de ces cartes.

La publication d'une carte de l'Algérie au 200,000ᵉ a été entreprise par le Service des cartes et plans du Gouvernement général (Alger, Jourdan, 1 fr. la feuille) ; les distances kilométriques y sont indiquées au long des routes nationales, des routes départementales et des chemins de grande communication, ainsi que les rampes d'au moins 5 % sur les routes nationales.

En attendant que cette publication soit achevée, ou du moins suffisamment avancée pour répondre en tout état de cause aux besoins des automobilistes, on peut recommander à ces derniers les trois cartes des voies de communication au 400,000ᵉ, établies par les services compétents pour chacun des trois départements algériens, avec l'indication des distances kilométriques sur les routes nationales (Alger, Jourdan, 3 fr. chacune). — Une carte routière de la Tunisie au 500,000ᵉ (sans indications de distances) est publiée, à peu près chaque année, par le Service des travaux publics de la Régence (Tunis, Picard, 3 fr.). Une autre carte routière tunisienne, à la même échelle du 500,000ᵉ, est vendue également à Tunis par Saliba (2 fr. 50).

En Algérie, aucun plan de ville à grande échelle ne semble à signaler. Pour Tunis, deux sont recommandables, l'un publié par Saliba, que complètent des cartons afférents aux environs, l'autre publié par Picard.

H. — APERÇU GÉOGRAPHIQUE

On appelle *Afrique-Mineure*, *Maghreb* ou *Berbérie*, le vaste quadrilatère que limitent à l'O. l'Atlantique, au N. la Méditerranée, à l'E. le golfe de Gabès, au S.

le désert du Sahara. La dénomination de *Tell* s'y appli-
que aux régions septentrionales dont les conditions
climatériques permettent la mise en culture, par opposi-
tion à celle de *Sahara*, sous laquelle on désigne
l'ensemble des steppes et des pays désertiques qui leur
font suite au S.

La partie occidentale de la Berbérie, le Maroc, est
restée jusqu'ici indépendante, bien que des conven-
tions récentes y assurent à la France, et, dans certaines
régions, à l'Espagne, une situation prépondérante; la
partie centrale, l'Algérie, est une colonie française; la
partie orientale, la Tunisie, est sous le protectorat de
la France.

Situation. — La Berbérie fait face, de l'autre côté
de la Méditerranée, aux rivages de l'Espagne, de la
France et de l'Italie. Vers le S., elle se continue indéfi-
niment par son *hinterland* saharien. Envisagés dans
leurs limites naturelles, déduction faite des territoires
sahariens, l'Algérie a une superficie approximative
de 300,000 k. carrés environ; la Tunisie de 100,000 k.
carrés.

Orographie. — L'Algérie est, dans son ensemble,
très accidentée et d'un relief tourmenté. Sa structure
est déterminée par deux séries de plissements montagneux, dont la direction commune est du S.-O. au
N.-E.; ces plissements font partie du système dit de
l'Atlas et sont désignés communément sous les noms
d'Atlas Tellien et d'Atlas Saharien; ils sont écartés à
l'O. de 150 à 200 k., mais se rapprochent ensuite l'un
de l'autre, grâce à la direction plus inclinée au N.-E.
de la chaîne méridionale, qui finit même, au delà de
Guelma et de Bône, par atteindre le voisinage de la
mer. Il faut franchir ces chaînes de montagnes lorsque,
du littoral de l'Algérie, on veut gagner l'intérieur du
pays, et lorsque, de l'intérieur, on veut gagner le
Sahara. Les plaines basses, Chélif, Mitidja, Seybouse,
voisines du littoral, ne couvrent qu'une superficie res-
treinte. Ni l'Atlas Tellien ni l'Atlas Saharien n'ont la
forme d'une arête continue. Ils se décomposent en
une succession de massifs distincts, que séparent des
plaines ou des plateaux. Le pays se trouve ainsi divisé
en une série de zones parallèles dans le sens de la latitude, en une succession de bandes longues et étroites;
c'est le trait caractéristique de la configuration de la
contrée.

La hauteur des massifs montagneux de l'Algérie
n'atteint nulle part 2,400 m. et dépasse rarement
1,800 m. L'intervalle entre l'Atlas Tellien et l'Atlas
Saharien est occupé par des plateaux, dont l'altitude
varie entre 700 et 1,100 m. Ces plateaux s'abaissent
et se rétrécissent d'O. en E.

Le relief de la Tunisie continue à certains égards
celui de l'Algérie, mais en diffère sous certains autres.
Le Nord et le centre de la Régence sont occupés par

un énorme empâtement de hauteur assez médiocre, puisque aucun sommet n'y atteint 1,600 m., tandis que, vers l'E. et le S., le pays s'abaisse doucement vers la mer d'une part, vers la dépression saharienne des Chotts d'autre part.

Climat. — L'Algérie et la Tunisie appartiennent à la zone du climat méditerranéen, caractérisée par la division de l'année en deux saisons : la saison des pluies, ou saison fraîche (automne, hiver, printemps), la saison sèche ou saison chaude (été). Le climat oscille entre deux influences, l'influence maritime de la Méditerranée, l'influence continentale du Sahara, qui se combinent diversement suivant la latitude, l'altitude, l'exposition, etc. Il en résulte une grande variété de climats locaux.

Les pluies sont fort irrégulières. D'une manière générale, leur somme annuelle va en diminuant du N. au S. : de plus de 1 m. dans la Grande Kabylie, dans la région de Bougie et de Djidjelli, dans la Khroumirie, elle n'atteint pas 20 centim. à la lisière du Sahara. — Rare dans les régions littorales, la neige est normale, en hiver, dans les districts montagneux et sur les hauts plateaux de l'intérieur.

Pour la température, les différences sont également très grandes. Elle est douce et égale sur le littoral ; mais la chaleur y est rendue pénible par une tension hygrométrique considérable. Cette égalité disparaît dans les régions montagneuses et sur les plateaux : la température s'y élève davantage pendant l'été et y descend souvent au-dessous de zéro pendant l'hiver ; la chaleur y est d'ailleurs plus supportable qu'au voisinage de la mer, parce qu'elle est plus sèche.

Hydrographie. — Le relief et le climat de l'Algérie et de la Tunisie expliquent l'absence de cours d'eau importants. Les rivières ne sont que des torrents ; aucune n'est navigable. On utilise les eaux de quelques-unes d'entre elles pour l'irrigation au moyen de barrages. — Les principaux cours d'eau sont : la Tafna ; la Macta, formée de l'Habra et du Sig ; le Chélif, seul cours d'eau de l'Algérie qui, venu de l'Atlas Saharien, réussisse à atteindre la mer ; l'Isser, le Sebaou, l'Oued Sahel, alimentés par les montagnes de Kabylie ; l'Oued-el-Kebir, formé de la réunion du Rummel et du Bou-Merzoug, la Seybouse. — En Tunisie, le principal cours d'eau est la Medjerda, grossie de l'Oued Mellègue et de l'Oued Siliana.

Flore et faune. — La flore de la Berbérie est méditerranéenne comme son climat. La saison des pluies d'hiver est celle pendant laquelle les plantes se développent, et l'été la période de repos de la végétation. Les arbres et les broussailles sont, pour la plupart, à feuilles persistantes. L'olivier est l'arbre caractéristique de la zone littorale. Dans cette même zone, on trouve des lentisques, des jujubiers, des palmiers-nains, des

arbousiers, etc., entremêlés de cistes, d'asphodèles, de
touffes de diss; ces plantes et d'autres encore constituent la *brousse*, assez analogue au maquis corse. On
passe de la brousse à la forêt par des transitions
insensibles. De belles forêts subsistent encore dans certaines régions de l'Algérie et de la Tunisie; elles sont
peuplées de chênes-liège, de chênes verts, de pins
d'Alep, de cèdres, de thuyas. Lorsque la quantité de
pluies est trop faible pour nourrir la végétation forestière, le sol ne porte que des plantes bulbeuses et des
graminées; c'est la steppe, transition de la terre
cultivable au désert. Les plantes caractéristiques des
steppes de l'Afrique du Nord sont l'alfa, le chih, le
drinn, etc. Le dattier est l'arbre caractéristique des
oasis du Sahara.

La faune a également un caractère méditerranéen,
spécialement les mollusques terrestres et les insectes.
Parmi les mammifères, outre ceux dont il a été
question à propos de la chasse, il n'y a guère à
signaler qu'un singe, le magot. — Les seuls animaux
malfaisants que les touristes sont exposés à rencontrer
sont, dans le Sud, les scorpions et quelques espèces
de serpents venimeux, notamment la vipère cornue,
que les indigènes appellent *lefâ*.

Commerce. — Le commerce de l'Algérie est de
900 millions à un milliard, et celui de la Tunisie de
200 à 250 millions de francs. Les importations l'em-
portent sur les exportations. La France fait 60 à
70 0/0 de ce commerce. L'Algérie et la Tunisie expor-
tent des vins, des huiles, des céréales, des moutons,
de l'alfa, du liège, des éponges, des laines, des minerais
de fer et de zinc, des phosphates. Elles importent des
tissus, des outils, des métaux, des charbons, des sucres,
des denrées coloniales, des farines.

Populations. — Le recensement de 1906 a relevé en
Algérie 5,200,000 hab. environ, dont 4,500,000 indigènes musulmans (4,750,000 hab., dont plus de 4,000,000
d'indigènes, dans l'Algérie proprement dite, et 450,000
hab. à peu près exclusivement indigènes dans les
Territoires du Sud). Quant à la Tunisie, où le recensement des indigènes, musulmans ou juifs, n'a été
fait qu'approximativement, on évalue sa population totale à plus de 1,900,000 hab., dont environ 1,750,000 indigènes, chiffre qui paraît exagéré
(100,000 hab. env. dans les Territoires du Sud).
Les indigènes musulmans sont Berbères ou Arabes.
Les deux races ne forment pas un contraste absolu :
les Arabes se sont berbérisés, tandis que les Berbères
se sont arabisés. D'une manière générale, les Berbères
occupent plutôt les massifs montagneux et les oasis
du Sud; ils sont sédentaires ou parfois demi-nomades.
Les Arabes habitent les plaines et les steppes; ils sont
nomades ou demi-nomades.
Les Israélites algériens, au nombre de 65.000, ont

été naturalisés en bloc par un décret du 24 octobre 1870 (décret Crémieux). Les Israélites tunisiens sont environ 50.000, dont 25.000 à Tunis même.

La population européenne comprend en Algérie (d'après le recensement de 1906, dont les chiffres doivent être maintenant notablement majorés) 450.000 Français d'origine ou naturalisés, 118.000 Espagnols, 33.000 Italiens, 6.000 Maltais. Les Espagnols habitent surtout la province d'Oran et la banlieue d'Alger; les Italiens et les Maltais sont plus nombreux dans la province de Constantine.

En Tunisie, on compte seulement 40.000 Français environ, pour 105.000 Italiens, 12.000 Maltais et 5.000 autres étrangers.

Administration. — Le gouvernement et la haute administration de l'Algérie appartiennent à un Gouverneur général civil, qui dépend du Ministre de l'Intérieur, et qui est assisté d'un Secrétaire général et d'un Conseil de gouvernement. L'Algérie proprement dite, ou *Territoire du Nord*, a été dotée, par la loi du 19 décembre 1900, d'un budget spécial, de la personnalité civile et du droit d'emprunter pour l'exécution de grands travaux publics. Le budget algérien est soumis au contrôle de deux assemblées, les Délégations financières et le Conseil supérieur. L'Algérie est représentée au Parlement par des députés et des sénateurs. — Les régions méridionales, dites *Territoires du Sud*, qui sont pourvues également d'un budget spécial et de la personnalité civile (loi du 24 décembre 1902), ont une organisation autonome.

L'Algérie proprement dite se divise en trois provinces ou départements : Alger, Oran et Constantine. Chaque département est administré par un préfet et subdivisé, comme en France, en arrondissements pourvus de sous-préfets. Les Territoires du Sud, au nombre de quatre, sont placés sous l'autorité directe du Gouverneur général, subdivisés en cercles et administrés par un personnel militaire dit des Affaires indigènes, dénomination qui a remplacé officiellement celle encore usitée couramment de Bureaux arabes.

Les communes algériennes sont de plein exercice ou mixtes. On entend par *communes de plein exercice* les communes dont l'administration est soumise aux règles en vigueur pour les communes de la métropole. Les *communes mixtes* sont de vastes circonscriptions dans lesquelles la population indigène est dominante : elles sont administrées par un fonctionnaire appelé administrateur, dont les pouvoirs sont très étendus. Les communes mixtes ne rappellent que par le nom les communes de la métropole : il y en a qui ont jusqu'à 453.000 hect. (Barika) et jusqu'à 107.000 hab. (Soummam). Le touriste rencontre parfois sur sa route un vaste bâtiment isolé et fortifié où sont installés des bureaux et des logements : c'est le bordj de la commune mixte, dont les administrés sont disséminés au loin dans les fermes et les douars. — Les *commu-nes*, *mixtes* ou *indigènes*, des Territoires du Sud, qu'administrent les officiers des Affaires indigènes, occupent des surfaces bien plus vastes encore.

Le traité de Kassar-Saïd ou du Bardo (12 mai 1881) a placé la Tunisie sous le protectorat de la France. Auprès du bey, souverain de la Régence, est placé le Résident général de France, qui dépend du Ministre des Affaires étrangères. Tous les services publics sont placés sous son contrôle direct. Une assemblée, dite Conférence consultative, à laquelle ont accès, concurremment avec les représentants des colons français, des représentants des indigènes, donne son avis sur les questions touchant les intérêts agricoles et commerciaux du pays.

L'administration locale de la Régence repose sur la division de la population en tribus et en fractions. A la tête de chaque circonscription se trouve un caïd. Des agents français, appelés contrôleurs civils, surveillent la bonne gestion de ces fonctionnaires (32 *caïdats* répartis entre 13 *contrôles civils* et 6 *annexes*). — Les régions les plus méridionales, qualifiées de *Territoires du Sud Tunisien*, sont, comme en Algérie, placées sous l'autorité de l'administration militaire (Affaires indigènes).

Paris. — Sté anᵉ de l'Impr. Armour, 117, av. de Choisy. 612.4.11.

D'ALGER à ORLÉANSVILLE

ALGER. — V. de 160.000 hab. dont 110.000 europ. — **Hôtels :** *Excelsior*, bd Laferrière ; *de la Régence*, pl. du Gouvernement ; *de l'Oasis*, bd de la République, 9 ; *des Étrangers*, r. Dumont-d'Urville, 1 ; *Saint-George, Alexandra, Continental, Oriental* et *Beau-Séjour*, tous à Mustapha-Supérieur, r. Michelet prolongée, ou à proximité. — **Hôtels meublés :** *Terminus et d'Europe*, square de la République ; *Royal-Hôtel*, bd de la République, 10 — **Restaurants :** *Gruber* et *London-House*, bd de la République. — **Garages :** *Gérin*, r. de la Liberté, 26 ; et bd Carnot, 12 et 27 ; *Vinson*, r. d'Isly, 73 ; *Alger-Auto*, bd Carnot, 28 ; *Auto-remise*, r. Tancrède, 3 (r. d'Isly) ; *Lecocq*, r. Charras, 6 (r. Michelet), etc. — **Cycles :** *Le Gerriez*, r. de Constantine, 15 ; *Bastelica*, r. d'Isly, 32, etc.

Sortir d'Alger par la rue Michelet et suivre la route nat. 1 jusqu'à la Chiffa, où l'on continue tout droit par la route nat. 4 ; fortes rampes et tracé des plus accidentés de Bourkika à Affreville. — Hammam-Rirha est à dr. de la route nat. (2 chemins en forte rampe, respectivement de 6 k. et de 8 k. environ, aux k. 98,9 et 100,7).

HAMMAM-RIRHA. — Station thermale. — **Hôtel :** *Grand-Hôtel*.

MILIANA. — V. de 4.000 hab., dont 1.400 europ. — **Hôtel :** *du Commerce*.

Variante d'Alger à Orléansville : suivre la route du littoral (sortir d'Alger par la rue et l'avenue Bab-el-Oued, puis appuyer à dr. pour prendre l'avenue Malakoff et continuer le long du rivage) par Castiglione, Tipaza et Cherchel jusqu'à Ténès, puis prendre à g., 264 k.

Pour plus de détails sur Alger et ses environs, consulter la Monographie Joanne : *Alger*. Prix : 1 fr.

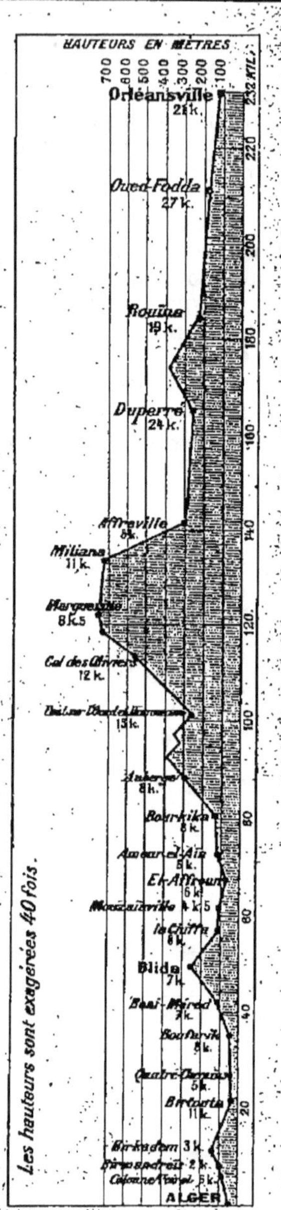

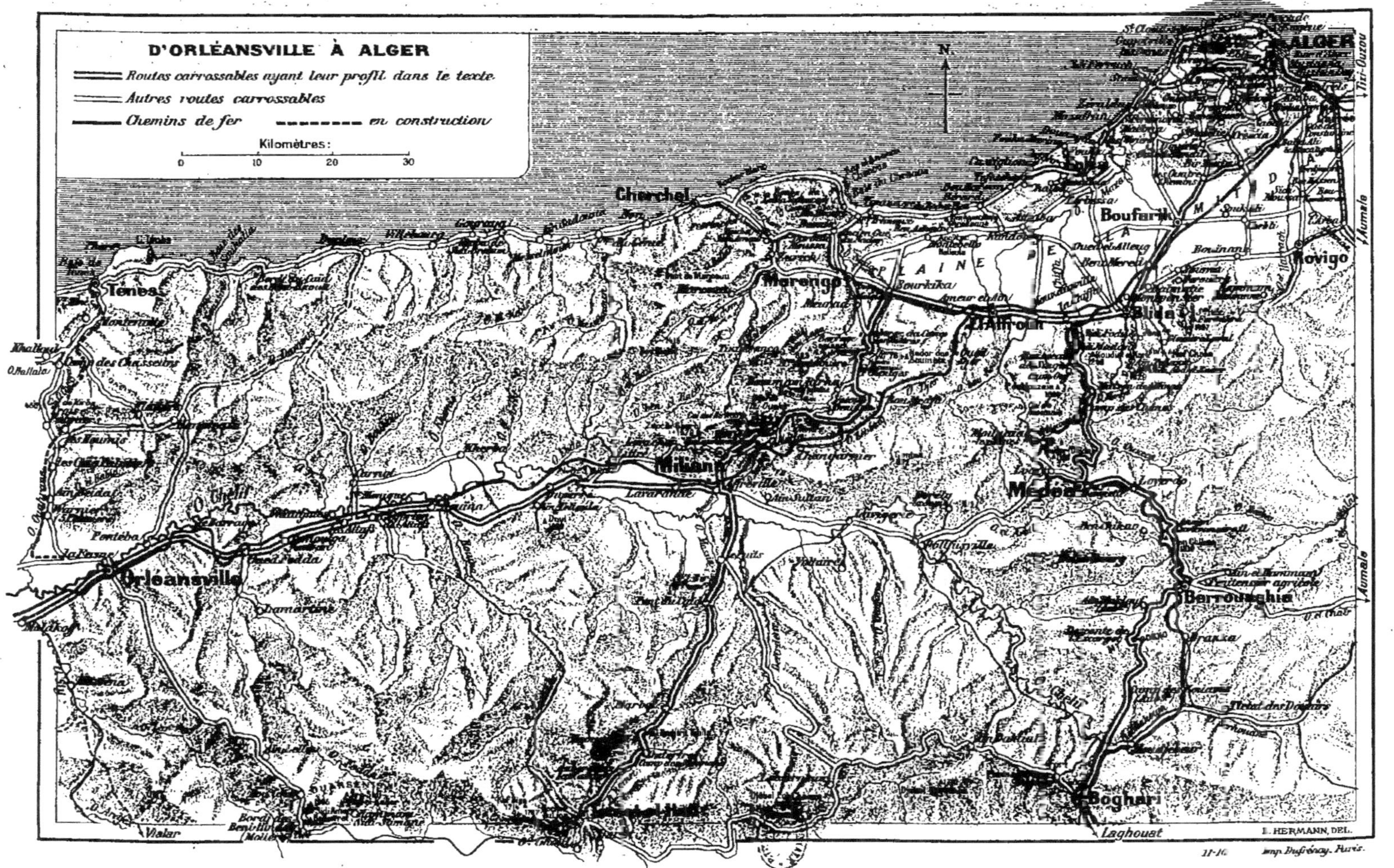

D'ORLÉANSVILLE À ALGER
Routes carrossables ayant leur profil dans le texte.
Autres routes carrossables
Chemins de fer
en construction
Kilomètres:
0 10 20 30
N
Alger
Cherchel
Ténès
Marengo
Boufarik
Rovigo
Blidah
El Affroun
Milian
Médéa
Orléansville
Berrouaghia
Boghari
Laghouat
Aumale
Tizi-Ouzou
Vialar
PLAINE DE
L. HERMANN, DEL.
Imp. Dufrénoy, Paris.
11-16

MILIANA :

Les Zaccars, cimes de 1579 et de 1533 m. (ascensions intéressantes, possibles en toute saison).

TÉNIET-EL-HAD :

Forêt des Cèdres, à 14 k. O. (le plus beau des massifs boisés de cette essence en Algérie).

BLIDA :

Orangeries.

Vallée de l'Oued-el-Kebir, à 3 k. S.-E. (cimetière indigène pittoresque).

Gorges de la Chiffa et Ruisseau des Singes, à 21 k. S.-O.

Ascension de l'*Abd-el-Kader* (1629 m).

MÉDÉA :

Ascension du *Nador* (1.120 m.; vue très étendue).

BOGHARI :

Ksar (village indigène curieux).

Excursion à (9 k.O.) *Boghar* d'où l'on a de tous côtés d'admirables vues et d'où l'on peut faire l'ascension du *Djebel Taguença* (1,710 m.).

LE ROCHER DE SEL :

Site d'un caractère étrange.

LAGHOUAT :

Quartier indigène.

Oasis (30.000 palmiers de végétation magnifique).

De Laghouat, excursion au *Mzab*, region d'oasis de caractère tout à fait original, comptant 170.000 palmiers (piste carrossable de 200 k., difficilement praticable en auto).

DE BLIDA A LAGHOUAT

Sortir de Blida par Bab-es-Sebt et l'avenue de la Gare, puis appuyer à g. en suivant la route nat. 1; après avoir passé la Chiffa, prendre à g.; fortes rampes de ce point jusqu'à Camp-des-Zouaves ; empierrement en matériaux légers au delà d'Aïn-Oussera ; assez nombreux cassis au delà de Djelfa ; avant Laghouat, traversée pénible du lit sablonneux de l'Oued Mzi.

BLIDA. — V. de 17.000 hab. dont 8.500 europ. — Hôtels : *d'Orient; Géronde.* — Garage : *Bagnères.*

MÉDÉA. — V. de 4.000 hab., dont 1.100 europ. — Hôtels : *d'Orient; du Commerce.*

LAGHOUAT. — V. de 5.700 hab., dont 350 europ. seulement. — Hôtel : *Storace.*

D'AFFREVILLE A TÉNIET-EL-HAD

De la route nat. prendre à g. si l'on vient d'Alger, à dr. si l'on vient d'Oran, puis de nouveau à dr. à 1.500 m. d'Affreville.

AFFREVILLE. — B. de 2.000 hab., dont 1.100 europ. — Hôtels : *de l'Univers; de Vaucluse.*

TÉNIET-EL-HAD. — B. de 2.100 hab., dont 900 europ. — Hôtel : *du Commerce.*

De Téniet-el-Had, route sur (108 k.) Boghari.

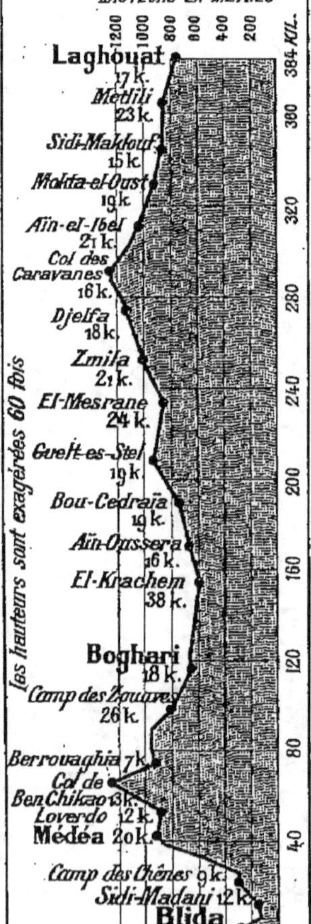

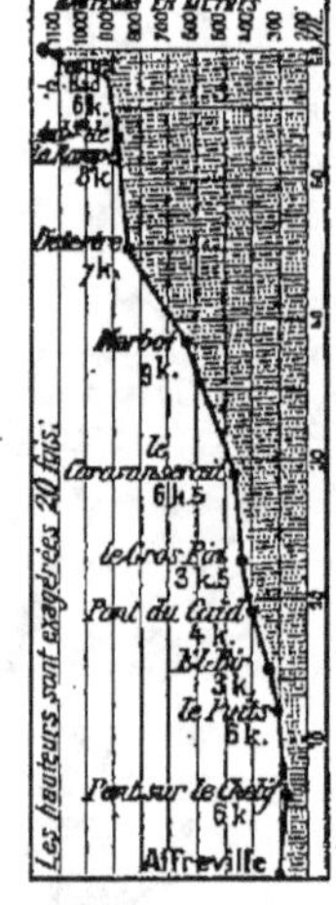

D'ORAN A ORLÉANSVILLE

Sortir d'Oran par la rue et la porte d'Arzeu et suivre la route nat. 4; si l'on ne veut pas visiter Arzeu, prendre à dr. à Renan ou à Sainte-Léonie pour couper au plus court sur Damesme et Saint-Leu ; forte rampe pour accéder à Mazagran.

ARZEU. — V. de 3.000 hab. europ. — Hôtel : *de la Nièvre.*

MOSTAGANEM. — V. de 19.500 hab., dont 9.500 europ. — Hôtel : *Grand-Hôtel.*

RELIZANE. — V. de 7.700 hab., dont 3.300 europ. — Hôtels : *de Paris ; de la Paix.*

ORLÉANSVILLE. — V. de 3.500 hab., dont 2.250 europ. — Hôtel : *Beaudoin.* — Garages : *Bertrand ; Clément.*

DE RELIZANE A TIARET

Suivre la route nat. 4 sur 7 kil., puis prendre à dr.

TIARET. — V. de 5.800 hab., dont 2.800 europ. — Hôtel : *d'Orient.*

De Tiaret, route sur (106 k.) Téniet-el-Had (*V.* carte 3).

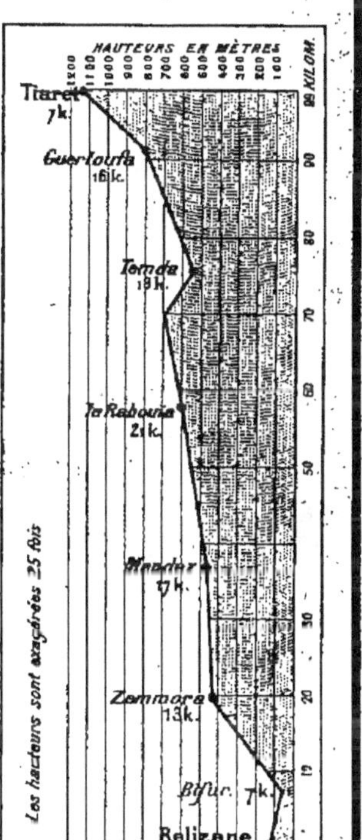

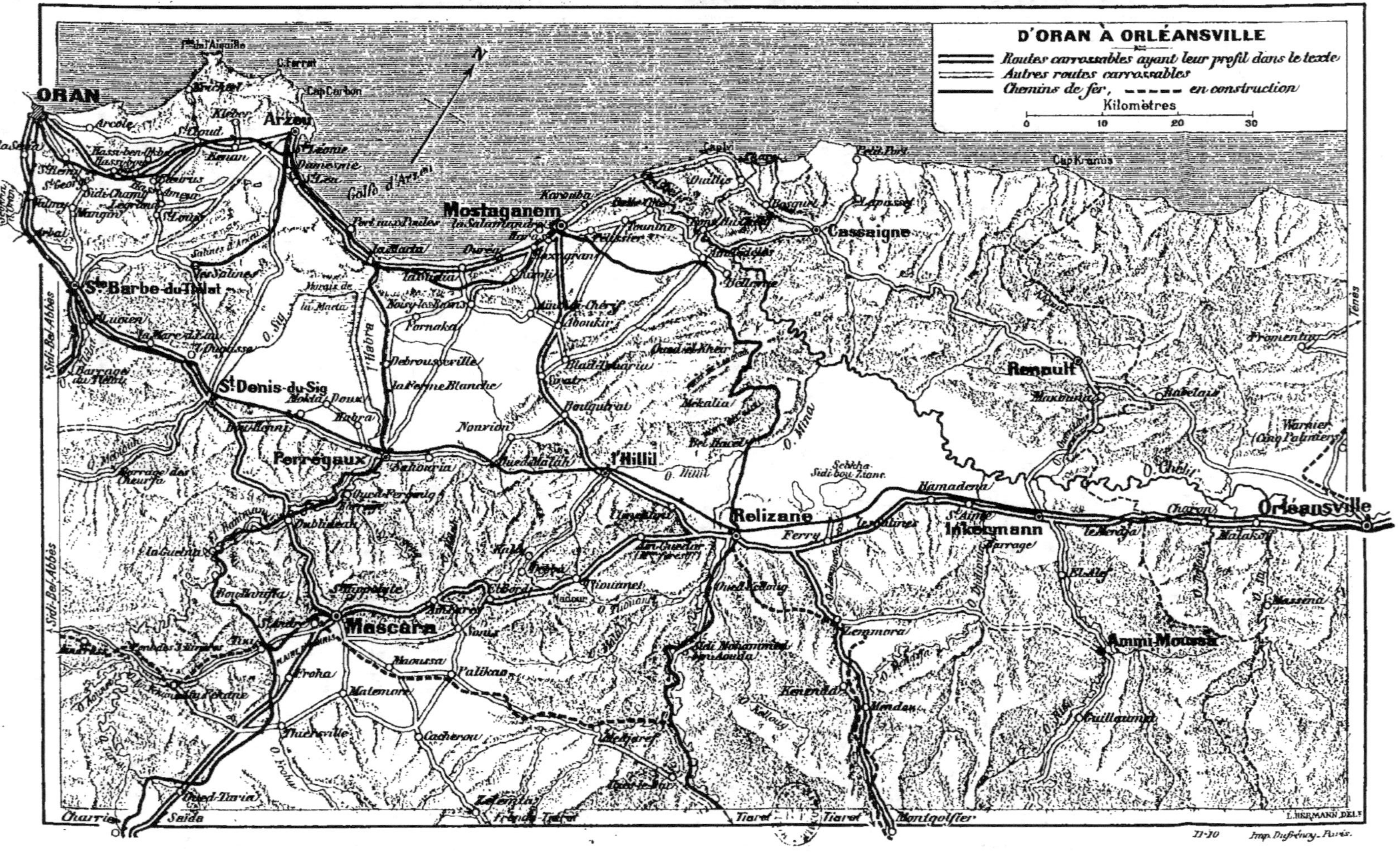

D'ORAN À ORLÉANSVILLE
Routes carrossables ayant leur profil dans le texte
Autres routes carrossables
Chemins de fer, en construction
Kilomètres
0 10 20 30
N
ORAN
Arzeu
Cap Carbon
Golfe d'Arzeu
Mostaganem
Cassaigne
St-Barbe-du-Tlélat
St-Denis-du-Sig
Perrégaux
l'Hillil
Renault
Relizane
Inkermann
Orléansville
Mascara
Ammi-Moussa
Sidi-Bel-Abbès
Ténès
Tiaret
Saïda
Montgolfier
Imp. Dufrénoy - Paris
L. HERMANN DEL.

PRINCIPALES CURIOSITÉS

SAÏDA :

Excursion très recommandable, en chemin de fer (428 k. en 13 h. 30 env. pour 34 fr. 25 et 25 fr. 65 ; 3 fois par semaine seulement ; compartiments à couchettes et wagon-restaurant), au *Figuig*, belle oasis dans un superbe décor de montagnes. — Le chemin de fer se poursuit, au delà de Beni-Ounif-de-Figuig, jusqu'à (112 k. en 3 h. 15 à 3 h. 45, pour 8 fr. 95 et 6 fr. 70) *Colomb-Béchar*, autre oasis.

En cours de route, à l'aller ou au retour, on pourra s'arrêter a (283 k. de Saïda et 145 k. de Beni-Ounif) *Aïn-Sefra* : de là, excursions à (16 k. E.) *Tiout* (oasis et gravures rupestres) et au (7 k. environ) *Ras-Chergui* (2.061 m.; vue merveilleuse).

D'ORAN A SAÏDA

Sortir d'Oran par la porte de Mascara et suivre la route nat. 6 ; fortes rampes de Saint-Denis du Sig à Mascara (on peut, à 4 k. au-delà de Saint-Denis, appuyer à g. jusqu'à Perrégaux, où l'on prend à dr. avant le pont pour gagner Dublineau, itinéraire qui allonge de 15 k. env.; mais de tracé moins difficile). — Au delà de Saïda, dans la direction du Sud-Oranais, il n'y a de route pratiquement carrossable que sur quelques k., jusqu'à Aïn-el-Hadjar (très fortes rampes).

De Mascara, outre la route ci-dessous sur Relizane, routes, d'une part, sur (89 k.) Sidi-bel-Abbès, d'autre part, sur (111 k.) Frenda et (161 k.) Tiaret.

SAINT-DENIS DU SIG. — V. de 8.000 hab., dont 5.500 europ. — Hôtel : *du Louvre.*

MASCARA. — V. de 19.000 hab., dont 7.500 europ. — Hôtel : *Bourelly.* — Garage : *Enthoven.*

CAÏDA. — V. de 8.250 hab., dont 4.200 europ. — Hôtel : *Riu.* — Garage : *David.*

AÏN-SEFRA. — Poste militaire important. — Hôtel : *Plasse.*

BENI-OUNIF. — Petit centre européen ; bureau arabe. — Hôtel : *du Sahara.*

DE MASCARA A RELIZANE

Sortir de Mascara par la porte de Mostaganem et suivre la route nat. 7 ; prendre à dr. lorsqu'on rejoint la route nat. 4.

D'ORAN A TLEMCEN

ORAN. — V. de 101.000 hab., dont 75.000 europ. — Hôtels : *Continental*, bd Seguin, 1; *Victor*, r. d'Arzeu, 5; *Royal* (hôt. meublé), bd du Lycée, 3. — Restaurants : *du Dahomey*, bd Seguin, 35; *Guillaume-Tell*, bd du Lycée, 3; — Garages : *Palace-Automobile*, r. Alsace-Lorraine, 29; *Serviès*, bd Seguin, 48; *Ferradou*, r. d'Arzeu, 60. — Cycles : *Carrier*, r. Cavaignac, 3; *Menlzer*, bd Seguin, 29.

Deux itinéraires : on ira par l'un, on reviendra par l'autre.

A. Par Sidi-bel-Abbès : sortir d'Oran par la porte de Mascara et suivre la route nat. 6 jusqu'à Sainte-Barbe-du-Tlélat; là, quitter cette route et prendre à dr.; à Sidi-bel-Abbès, sortir par la porte de Tlemcen et suivre la route nat. 7; de Tassin à Tlemcen, tracé assez accidenté; rampes et lacets, multiples passages à niveau.

SIDI-BEL-ABBÈS. — V. de 24.500 hab., dont 17.000 europ.

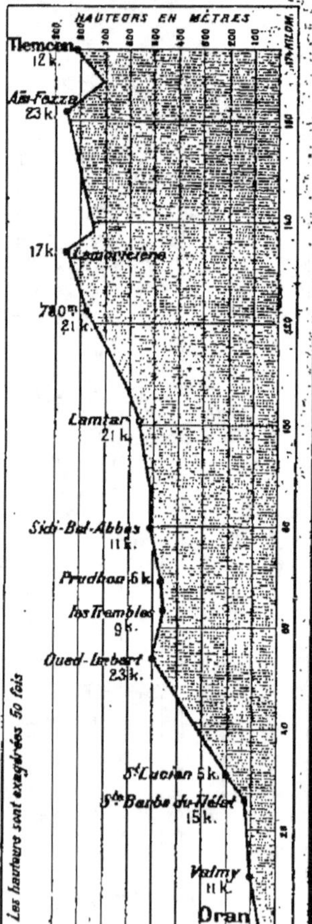

ORAN :

Promenade de Létang (belle vue).

Musée Demaeght (ouv. t. l. j. de 1 h. à 5 h.; mosaïques intéressantes).

Minaret d'El-Haouari (fin du XVIIIe s.).

Porte Ximenès (XVIe s.).

Bois des Planteurs, à 2 k. O. (du *Belvédère* du Syndicat d'initiative, fort belle vue; du *fort de Santa Cruz*, et surtout du *marabout de Sidi-Abd-el-Kader*, à 419 m., vue plus belle encore).

Mers-el-Kébir, à 8 k. N.-O. (site pittoresque). — A 12 k. au-delà de Mers-el-Kébir *phare du cap Faleon*.

SIDI BEL-ABBÈS :

Aux alentours, région agricole des plus intéressantes au point de vue de la colonisation; multiples centres européens florissants.

TABIA :

De ce point, route et chemin de fer en direct. S.-O. par lesquels on peut gagner, d'une part, la belle région forestière de *Magenta* et de (56 k. env.) *Daya*, d'autre part, les Hauts Plateaux et la *mer d'alfa* (77 k. en 3 h., pour 8 fr. 60, 6 fr. 45 et 4 fr. 75, de Tabia au terminus de Ras-el-Ma).

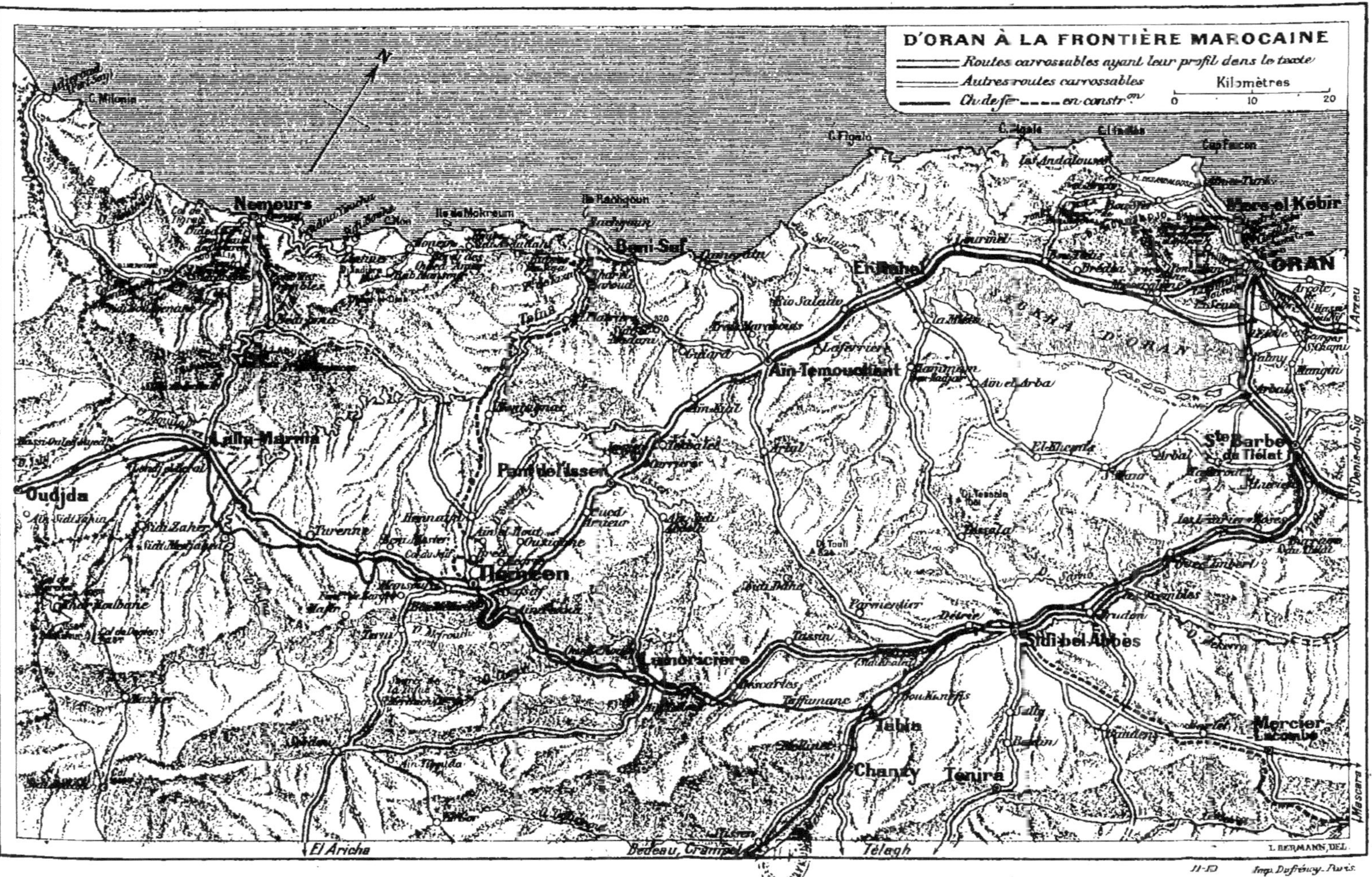

D'ORAN À LA FRONTIÈRE MAROCAINE
Routes carrossables ayant leur profil dans le texte
Autres routes carrossables
Ch. de fer ----- en constr.on
Kilomètres
0 10 20
N
Nemours
C. Milonia
Béni-Saf
El Bahel
Aïn-Temouchent
Oran
Marsa-el-Kébir
Lalla-Marnia
Oudjda
Turenne
Tlemcen
Lamoricière
Pont-de-l'Isser
Ste Barbe du Tlélat
Sidi-bel-Abbès
Tabia
Chanzy
Ténira
Mercier
El Aricha
Bedeau, Cramps!
Télagh
L. BERMANN, DEL.
11-50
Imp. Dufrénoy, Paris.

TLEMCEN :

Situation admirable, à 806 m. d'altitude, qui commande un merveilleux panorama. Tant au point de vue monumental qu'au point de vue pittoresque, c'est un des points les plus intéressants de l'Afrique du Nord. Nulle part ailleurs, en Algérie, il n'y a d'édifices de l'époque arabo-berbère qui puissent, comme ceux de Tlemcen, être comparés aux édifices contemporains de l'Espagne.

Grande-Mosquée (XIIe s.; minaret du XIIIe s., d'où l'on a un très beau panorama).

Mosquée de Sidi-bel-Hassen fin du XIIIe s.; plâtres sculptés admirables), transformée en *Musée des Antiquités* (chapiteaux, boiseries et mosaïques arabo-berbères).

Quartier indigène, au N.-E. de la Grande-Mosquée.

Mosquée de Sidi-el-Haloui (XIVe s.; chapiteaux et plâtres sculptés intéressants; élégant minaret).

Ruines d'*Agadir*, à 1 k. E. (minaret du XIIIe s.; koubas de dates diverses).

Bou-Médine, à 2 k. S.-E. — Mosquée (XIVe s.; porche décoré de mosaïques et de plâtres sculptés; porte revêtue de lames de bronze; minaret d'où l'on a une belle vue); — kouba de Sidi-bou-Médine (XIIIe-XVIIIe s.); — médersa (XIVe s.).

Ruines de *Mansoura*, à 2 k. 5 O. (XIVe s.; minaret et restes de remparts).

Cascades d'El-Ourit, à 6 k. S.-E. (site des plus pittoresques).

OUDJDA :

Curieux centre marocain occupé par une garnison française.

DE TLEMCEN À OUDJDA

— Hôtels : *d'Orient et Continental*, r. Prudon, 6; *des Voyageurs*, r. Turgot, 9. — Garages : *Buhrer*, r. Prudon, 27; *Zapata*, pl. Carnot.

B. Par Aïn-Témouchent : sortir d'Oran par la porte de Tlemcen et suivre de bout en bout la route nat. 2; d'Aïn-Témouchent à Tlemcen, tracé sinueux, rampes et lacets.

AIN-TÉMOUCHENT. — B. de 7.000 hab., dont 4.500 europ. — Hôtels : *de Londres, Royal.*

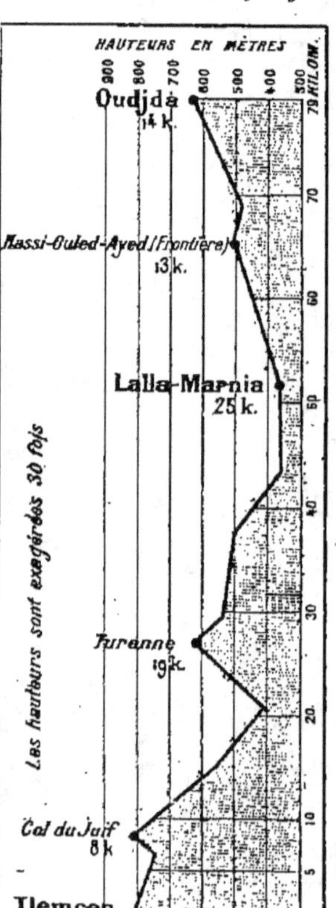

TLEMCEN. — V. de 24.000 hab. dont 4.500 europ. — Hôtels : *de France; Charles.*

Au delà de Tlemcen, impossible de combiner d'itinéraire bouclé; l'aller et le retour devront se faire par la même route. — Sortir de Tlemcen par la porte de Fez et suivre la route nat. 7. Au *col du Juif*, belle vue. Rampes accentuées et lacets du k. 6 au k. 42.

LALLA-MARNIA. — B. de 2.500 hab., dont 1.700 europ. — Hôtel : *de France.*

OUDJDA. — Petite V. de 10.000 hab. — Hôtel : *Simon.*

De Tlemcen, bonnes routes sur (68 k. N.) *Beni-Saf*, et sur (38 k. S.) *Sebdou*. Par cette dernière, en prenant à dr. à (15 k.) *Terni*, on peut se rendre à (23 k. S.-O. de Tlemcen) la belle *forêt d'Hafir*.

De Lalla-Marnia, bonnes routes sur (45 k. N.) *Nemours*, par (27 k.) *Nédroma*, pittoresque V. indigène, et sur (65 k. N.-O.) *Port-Say*.

D'Oudjda, piste praticable aux automobiles de 145 k. environ recoupant circulairement le beau massif montagneux des *Beni-Snassen* (au N.).

Au S. de Lalla-Marnia et d'Oudjda, région boisée pittoresque de la frontière algéro-marocaine (chemins muletiers seulement).

D'ALGER à BOUGIE
PAR LA GRANDE-KABYLIE

Deux itinéraires : si l'on doit continuer de Bougie sur Constantine, sans revenir à Alger, on les combinera en poussant d'abord jusqu'au col de Tirourda et en revenant de ce point à Fort-National, d'où l'on gagnera Azazga.

A. Par Azazga : sortir d'Alger par la rue Sadi-Carnot et suivre la route nat. 5 jusqu'au delà de Ménerville, où l'on prend à g.; passé Tizi-Ouzou, prendre de nouveau à g. après le pont de l'Oued-Aïssi; longues et fortes rampes.

B. Par Fort-National : même itinéraire que ci-dessus jusqu'à l'Oued-Aïssi, où l'on prend à dr.; rampes des plus rudes.

TIZI-OUZOU. — B. de 1.500 hab., dont 1.000 europ. — Hôtel : *Lagarde.* — Garage : *Monchovet.*

BOUGIE. — V. de 10.500 hab., dont 4.500 europ. — Hôtels : *de France et Royal-Hôtel; d'Orient.* — Garages : *Vogelweith; hôtel de France.*

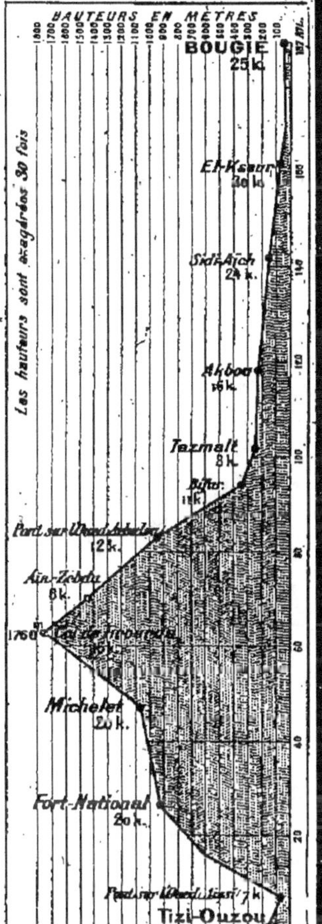

HAUSSONVILLER :

Excursion à (54 k. N.-E.) *Tigzirt* (ruines antiques; parcours pittoresque).

MIRABEAU :

Excursion à (32 k. S.) *Dra-el-Mizane* et à (48 k. S.) *Boghni* (région forestière pittoresque; ascension de l'Haïzer).

TIZI-OUZOU :

Ascension du *Belloua* (695 m.; vue magnifique).

AZAZGA :

Centre d'excursions dans une région boisée intéressante, notamment ascension du *Tamgout des Beni-Djennad* (1.278 m.; panorama étendu; belles forêts).

FORT-NATIONAL :

Centre d'excursions dans le *massif kabyle*, pays du plus haut intérêt, tant au point de vue pittoresque qu'à celui des populations qui l'habitent, d'une originalité tout à fait exceptionnelle; à recommander surtout l'excursion combinée à *Taourirt-Amokrane* et aux *Beni-Yenni*, villages des plus curieux.

MICHELET :

Autre centre d'excursions dans le massif kabyle; à proximité, villages des *Beni-Menguellet*, de *Taourirt-Amrane*, de *Tiferdout*, des *Aït-Hichem*.

Du col de Tirourda, ascension de l'*Azerou-n-Thourda* (1.962 m.; panorama merveilleux) ou de l'*Azerou-n-Tohor* (1.884 m.; même vue).

BOUGIE :

Cap Carbon, à 7 k. N.-E. (parcours très pittoresque; vue fort belle).

Ascension du *Gouraya* (660 m.)

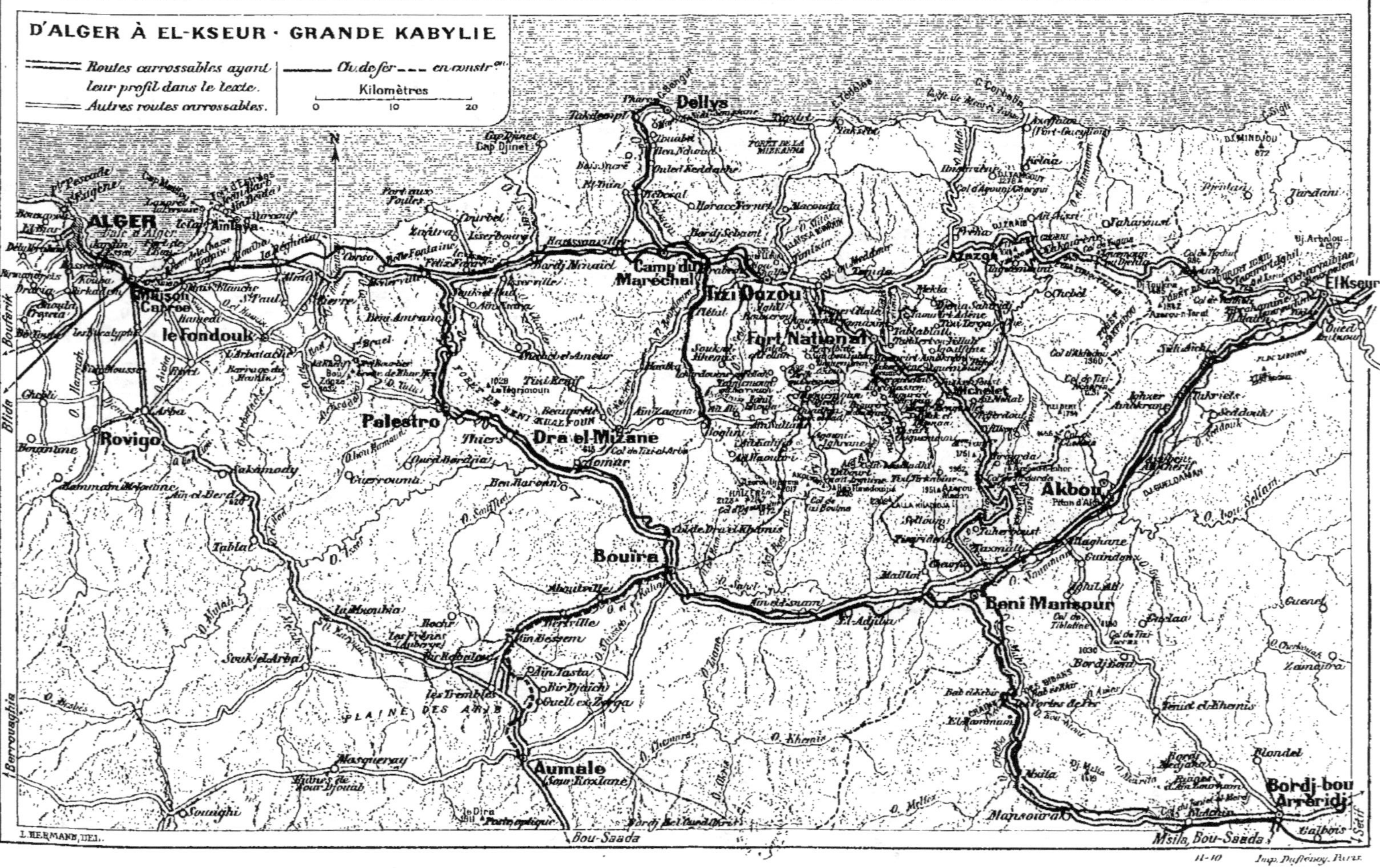

D'ALGER À EL-KSEUR · GRANDE KABYLIE
Routes carrossables ayant leur profil dans le texte.
Autres routes carrossables.
Ch. de fer --- en constr⁰ⁿ
Kilomètres
0   10   20
ALGER
Dellys
El Kseur
Camp du Maréchal
Tizi Ouzou
Fort National
Michelet
Azazga
le Fondouk
Rovigo
Palestro
Dra el Mizane
Bouira
Akbou
Beni Mansour
Aumale
Bordj-bou-Arréridj
Berrouaghia
Blida
Boufarik
Bou-Saada
Msila, Bou-Saada
Sétif
L. HERMANN, DEL.
Imp. Dufrénoy, Paris.

PRINCIPALES CURIOSITÉS	D'ALGER A BOUGIE PAR BOUIRA	D'ALGER A BOU-SAADA PAR L'ARBA

PRINCIPALES CURIOSITÉS

PALESTRO :

Gorges de Palestro (que suit la route).

Ascension du *Tegrimoun* (1.028 m. ; vaste panorama).

BOUIRA :

Ascensions dans le *massif de l'Haïzer* (2.123 et 2.147 m.).

EL-ADJIBA :

Ascensions dans le *massif de l'Akouker* (2.134 et 2.305 m).

MAILLOT :

Ascension de la *Lella-Khadidja* (2.308 m ; point culminant du Djurjura.

AUMALE :

Ascension du *Dira* (1.811 m.) ; merveilleux observatoire.

BOU-SAADA :

Oasis (palmiers de très belle venue).

Excursion à (15 k. E.) *El-Hamel* (zaouïa intéressante).

D'ALGER A BOUGIE
PAR BOUIRA

Sortir d'Alger par la rue Sadi-Carnot et suivre la route nat. 5 jusqu'au k. 162, à hauteur de la station de Maillot, où l'on déboîte à g. par la vallée de la Soummain.

BOUIRA. — Village de 1.400 hab., dont 800 europ. — Hôtels : *de la Colonie ; des Voyageurs ; de la Gare.*

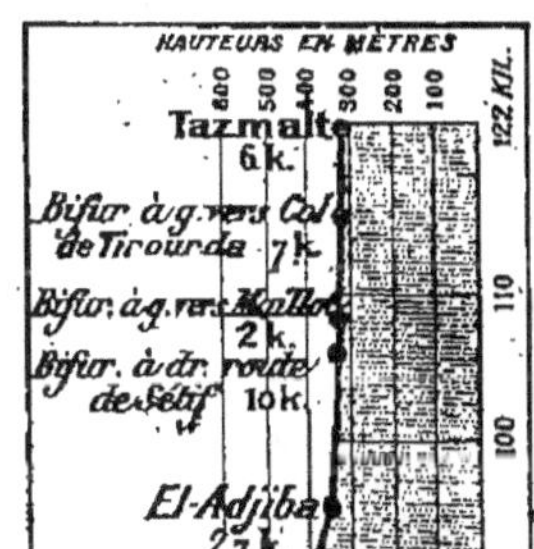

D'ALGER A BOU-SAADA
PAR L'ARBA

Sortir d'Alger par la rue Sadi-Carnot et suivre la route nat. 5 jusqu'à Maison-Carrée, où l'on appuie à dr. par la route nat. 8 ; rampes accentuées de l'Arba à Tablat.

AUMALE — B. de 2.300 hab. dont 1.000 europ. — Hôtels : *Grossat ; Raveu.*

BOU-SAADA. — Centre indigène de 6.400 hab., dont 200 europ. seulement. — Hôtel : *du Petit Sahara.*

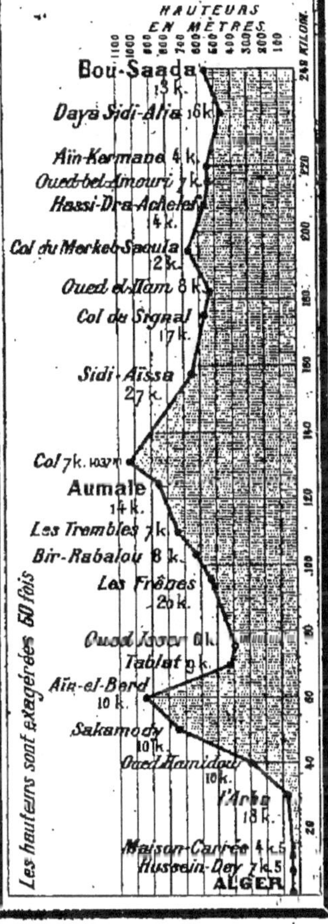

D'ALGER A CONSTANTINE

D'Alger à (152 kil.) El-Adjiba, V. ci-dessus carte 4. On continue de suivre la route nat. 5.

CONSTANTINE. — V. de 48.000 hab., dont 17.000 europ. — Hôtels : *Grand-Hôtel*, r. Nationale, 2 ; *de Paris et Royal-Hôtel*, r. Nationale, 1 ; *d'Orient et Saint-Georges*, r. Caraman.

— Restaurant : *du café Glacier*, pl. du Palais. — Garages : *Gilbertas*, r. Nationale, 92 ; *Fournel*, r. Rohault-de-Fleury ; *Gueit*, route de Sétif.

DE BOUGIE A SÉTIF

Suivre la route nat. 9 ; au k. 36, laisser à g. la route de Djidjelli ; pentes rudes et tracé très sinuéux de l'entrée aval du Chabet-el-Akra jusqu'au col de Téniet-et-Tinn.

SÉTIF. — V. de 12.000 hab., dont 4.000 europ. — Hôtels *de France* ; *de Paris*. — Garages : *Poulhariès* ; *Collet* ; *Bavoillot*.

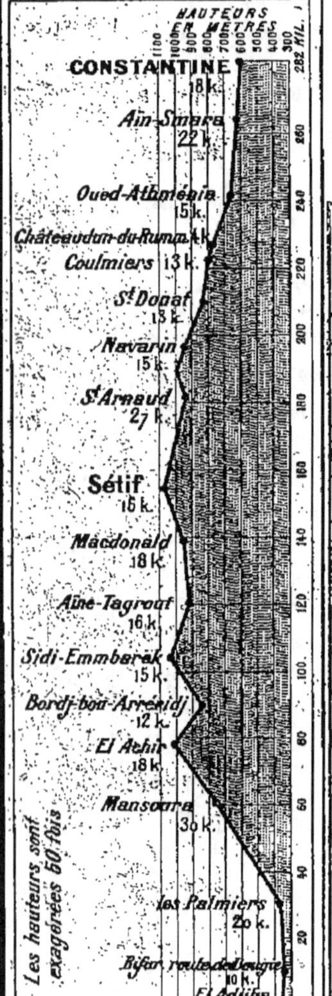

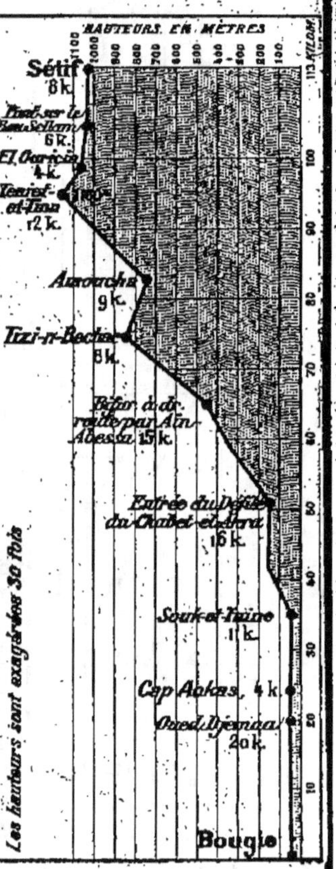

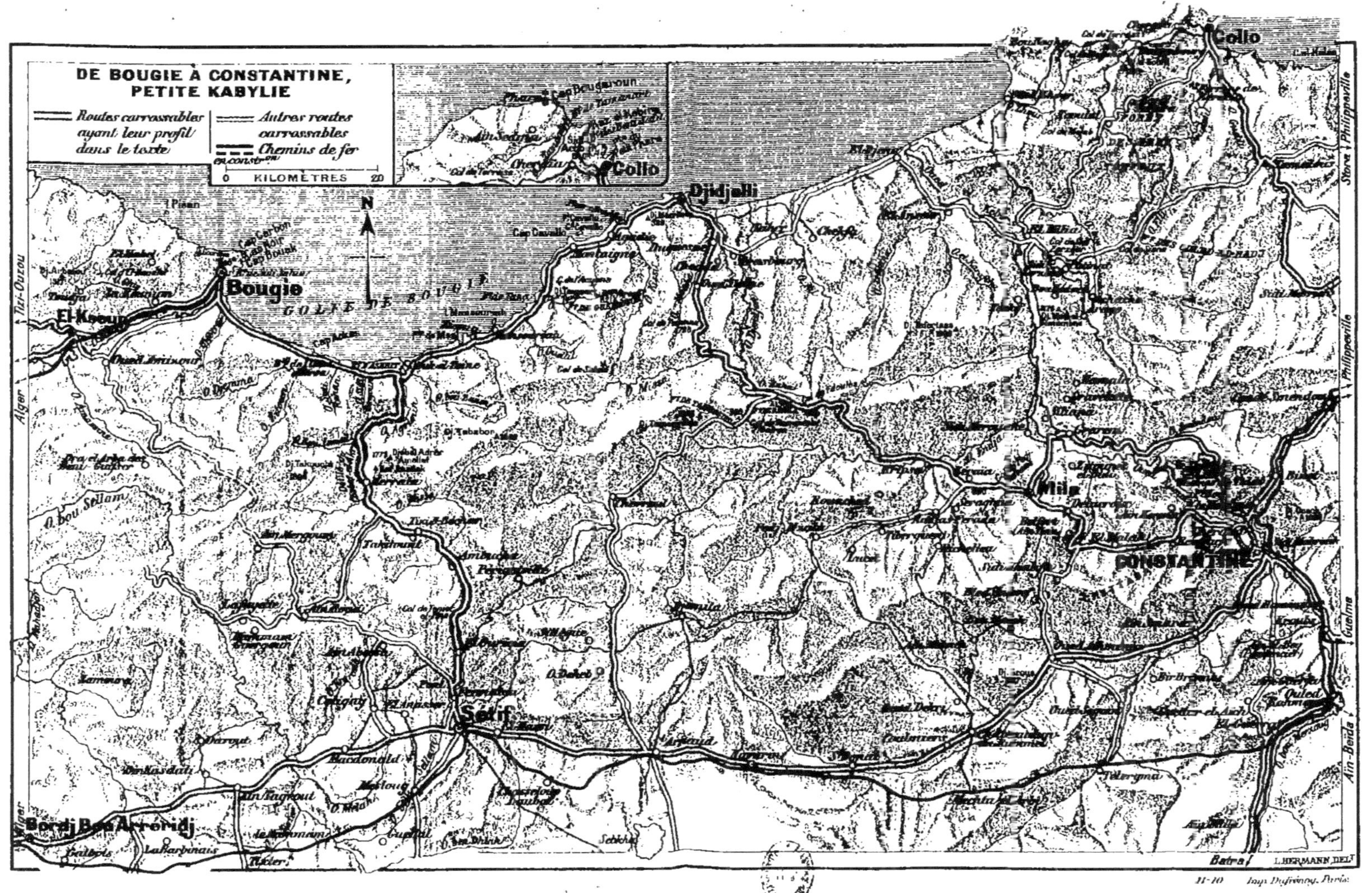

DE BOUGIE À CONSTANTINE, PETITE KABYLIE
Routes carrossables ayant leur profil dans le texte
Autres routes carrossables
Chemins de fer en constr.on
KILOMÈTRES
Cap Bougaroun
Collo
Djidjelli
Bougie
GOLFE DE BOUGIE
El-Kseur
Mila
CONSTANTINE
Sétif
Bordj Bou-Arreridj
Alger
Tizi-Ouzou
Stora
Philippeville
Guelma
Aïn-Beïda
Batna
L. HERMANN DEL.T
Imp. Dufrénoy, Paris.

BATNA :

Excursion à (11 k. 5) *Lambèse* et à (38 k. ; très bonne route ; hôtel-restaurant) *Timgad*, ruines romaines du plus haut intérêt. Timgad, la Pompéi africaine, dont les rues et les monuments ont été systématiquement déblayés par le Service des Monuments historiques, est l'endroit où l'on peut le mieux saisir l'aspect d'une ville romaine en Afrique dans les premiers siècles de notre ère. A signaler spécialement : *forum, théâtre, temple du capitole, arc de Trajan.*

Ascension du *Touggour* ou *Pic des Cèdres* (2.100 m. ; arbres magnifiques et beau panorama).

EL-KANTARA :

Belle *oasis* de 90.000 palmiers dans un site incomparable.

Centre d'excursions en montagne tout à fait recommandables : *gorges de Tilatou et de Maafa ; gorges des Beni-Ferah ; massif de l'Aurès* (vallées de l'Oued-Abdi et de l'Oued-el-Abiod).

Bonne station de *chasse*, notamment pour le mouflon.

BISKRA :

Centre d'hivernage très fréquenté.

Jardin Landon et *oasis* de 150.000 palmiers.

Excursions intéressantes : à (20 k. ; bonne route) *Sidi-Okba*, oasis de 65.000 palmiers ; — à (40 k. ; route peu praticable aux autos) *Tolga* et aux oasis voisines ; — dans l'*Aurès*.

A 212 k. S. env. (piste peu praticable aux autos), région de l'*Oued-Rir* : plus de 40 oasis et de 900.000 palmiers.

A 100 k. E. env. de l'Oued-Rir (piste muletière), groupe d'oasis intéressant du *Souf*, et à 170 k. S.-O. env. (piste muletière également, grande oasis d'*Ouargla*.

DE BOUGIE a CONSTANTINE
PAR DJIDJELLI

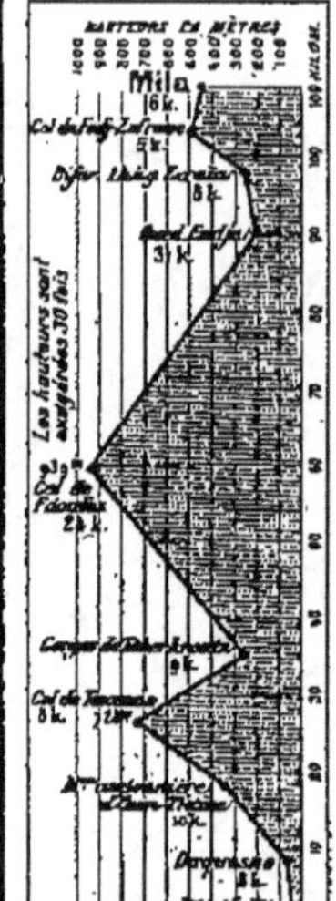

De Bougie à (96 k.) Djidjelli, suivre la route nat. 9 jusqu'au k. 36, puis prendre à g. — Tracé accidenté de Djidjelli à Mila.

DJIDJELLI. — B. de 3.300 hab., dont 1.550 europ. — Hôtels : *de France ; de la Marine ; d'Orient.* — Garage : *Tramaloni et Giroud.*

MILA. — B. de 3.000 hab., dont 400 europ. — Hôtels : *du Commerce ; Grand-Hôtel.*

De Mila à Constantine, on pourra prendre indifférem-ment l'un des deux itinéraires ci-contre. Monter de préférence à Constantine par la Corniche, en appuyant à g. par la route de Philippeville sur le Hamma, puis en prenant à dr. un peu avant d'arriver à ce village.

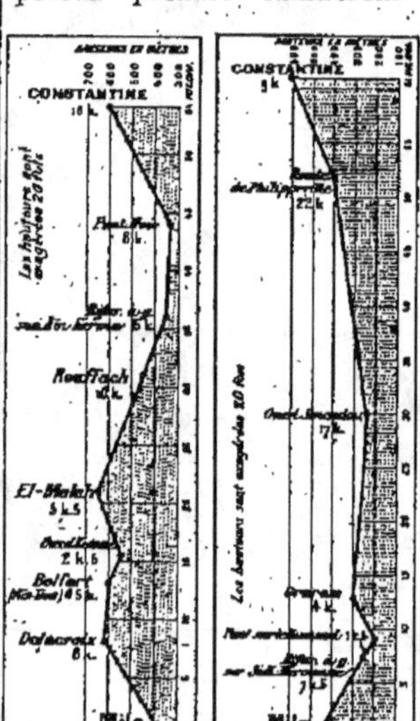

DE CONSTANTINE A BISKRA

Sortir de Constantine par la rue Nationale et le pont d'El-Kantara (ou par les squares et le pont-viaduc de Sidi-Rached, s'il est ouvert à la circulation), puis prendre à dr. en suivant la route nat. 3 ; s'informer si les travaux d'empierrement et de parachèvement de la chaussée au delà d'El-Kantara sont terminés.

BATNA. — V. de 5.000 hab., dont 2.500 europ. — Hôtels : *des Étrangers ; de Paris ; Saint-Georges.* — Garage : *Senty.*

TIMGAD. — Hôtel : *Meille.*

EL-KANTARA. — Hôtel : *Bertrand.*

BISKRA. — V. de 4.200 hab., dont 900 europ. — Hôtels : *Royal-Hôtel ; Palace ; Victoria ; Excelsior ; de l'Oasis ; du Sahara ; des Zibans.* — Garage : *Letailleur.*

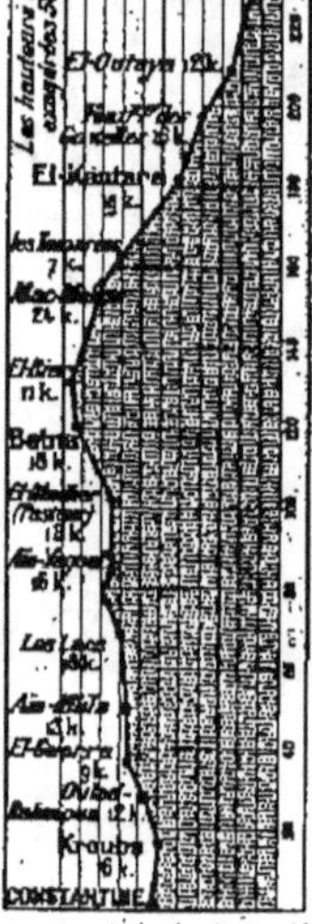

DE CONSTANTINE
A PHILIPPEVILLE

Sortir de Constantine par la rue Nationale et le pont d'El-Kantara, puis prendre à g. par le chemin de la Corniche jusqu'au Hamma, où l'on trouve la route nat. 3 qu'on suit; fortes rampes et lacets avant et après le col des Oliviers.

PHILIPPEVILLE. — V. de 16.500 hab., dont 14.000 europ. — Hôtels : *Grand-Hôtel* ; *de France et de la Marine.* — Garage : *Rombi et Teuma*, rue Nationale.

DE CONSTANTINE
A BONE

Sortir de Constantine par El-Kantara, puis prendre à dr. et suivre la route nat. 3 jusqu'au delà de Kroubs, où l'on appuie à g.

GUELMA. — V. de 6.500 hab., dont 2.750 europ. — Hôtels : *Grand-Hôtel ; d'Orient.*

BONE. — V. de 36.000 hab. dont 26.500 europ. — Hôtels *d'Orient*, cours Jérôme-Bertagna ; *Cramet*, rue Prosper-Dubourg. — Garage : *Auto-garage bônois*, r. Prosper-Dubourg.

PRINCIPALES CURIOSITÉS

PHILIPPEVILLE :

Théâtre romain (début du IIe s.)

Musée (sculptures antiques intéressantes).

Stora, à 4 k. N.-O. (environs pittoresques).

De Philippeville ou de Constantine, on peut se rendre à *Collo* (bonnes routes ; 90 k. de Philippeville, 109 k. de Constantine), petite V. dont les environs abondent en sites forestiers pittoresques ; ascension du *Djebel Gouffi* (1.183 m).

HAMMAM-MESKOUTINE :

A 5 k. à g. de la route nat. (à hauteur du pont de l'Oued Bou-Hamdane), sources abondantes de haute thermalité, dont les dépôts calcaires ont formé une *cascade pétrifiée* de tons variés du plus surprenant effet.

Etablissement thermal et *hôtel* fort bien installés.

ANNOUNA :

Belles ruines romaines à 12 k. env. d'Hammam-Meskoutine et à 22 k. env. de Guelma (à proximité de la route nat. et au S.).

GUELMA :

Théâtre romain (reconstitution sur les fondations d'un édifice antique).

BONE :

Hippone, à 2 k. 6 S. (agréable promenade).

Chemin de la *Corniche* et *cap de Garde*, à 11 k. N. (belles perspectives).

Bugeaud, village à 13 k. O. (rampes très dures et lacets), d'où l'on fera l'ascension du *Kef Seba* (1.008 m ; panorama superbe ; beaux boisements).

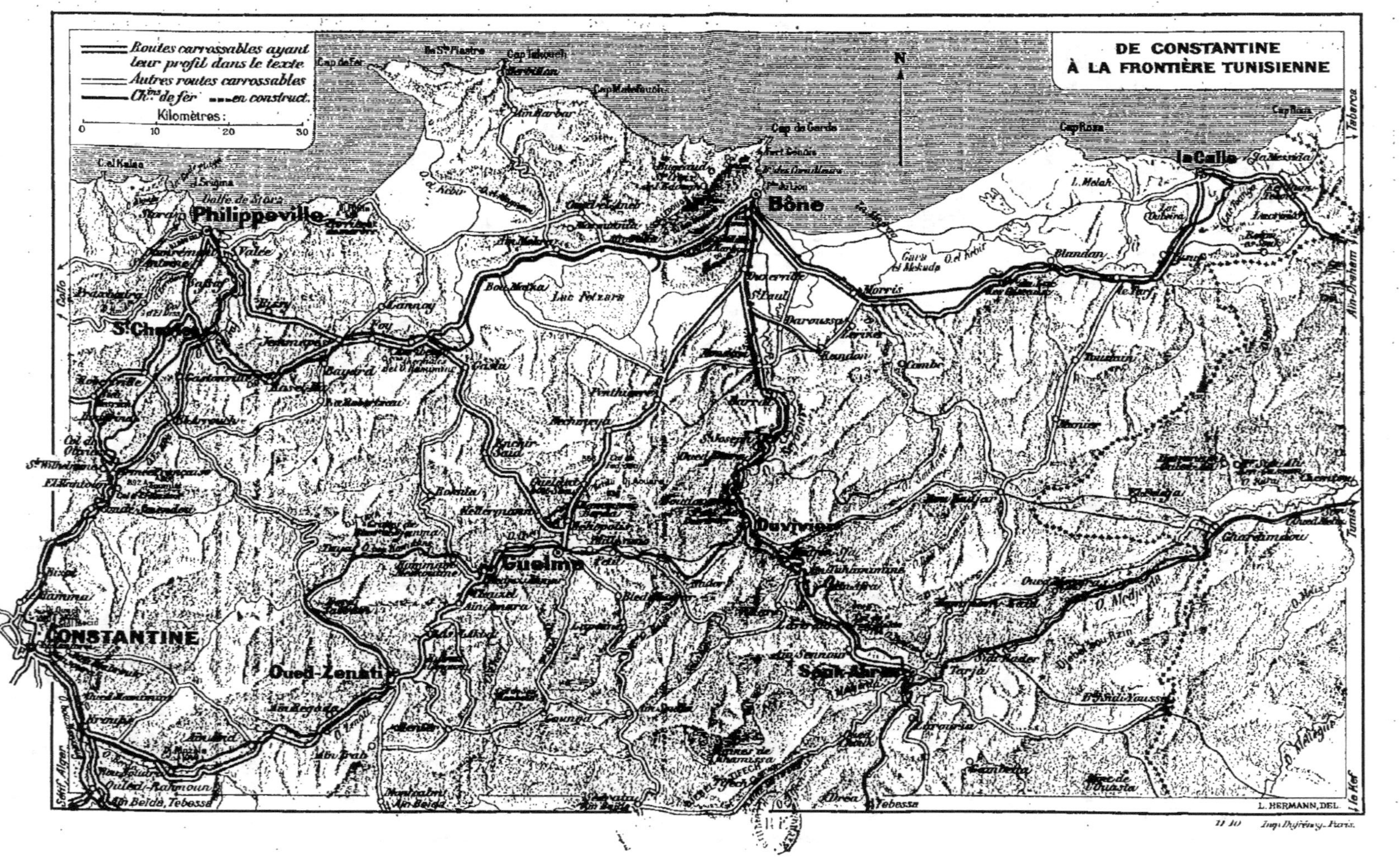
DE CONSTANTINE
À LA FRONTIÈRE TUNISIENNE
Routes carrossables ayant
leur profil dans le texte
Autres routes carrossables
Ch. de fer; en construct.
Kilomètres:
CONSTANTINE
Philippeville
Bône
la Calle
Guelma
Sétif, Alger
Collo
Tunis
Aïn-Drahem
Tabarca
le Kef
L. HERMANN, DEL.
Imp. Dufrénoy - Paris.

TÉBESSA :

Enceinte byzantine (VIᵉ s.)

Arc de Caracalla (IIIᵉ s.)

Temple (IIIᵉ s.) et *Musée* (mosaïques).

Basilique chrétienne (IVᵉ s.)

Aux environs, excursions intéressantes, notamment à *Orfana* (4 k. S.-O. ; gorges et ruines antiques), à *Tenoukla* (8 k. S.-E. ; gorges), à *Youks* (24 k. N.-O. ; cirque montagneux pittoresque, grotte, etc.)

MADAUROS :

A 100 k. N. environ de Tébessa (chemin de fer jusqu'à Mdaourouch ou jusqu'à Dréa en 4 à 5 h.), *ruines romaines et byzantines* importantes ; mausolée, thermes, forteresse.

KHAMISSA :

A 7 k. N. de la route de Sedrata à Souk-Ahras (65 k. environ d'Aïn-Beïda), *ruines romaines* intéressantes ; portes monumentales, basilique judiciaire, temple, théâtre.

KHENCHELA :

Au S.-O. de ce b., belle *forêt* de cèdres des *Ouled-Yacoub* ; 32 k. de Khenchela à la maison forestière d'*Aïn Mimoun.*

DE CONSTANTINE a TÉBESSA

Sortir de Constantine par la rue Nationale et le pont d'El-Kantara, puis prendre à dr. et suivre la route nat. 3 jusqu'à Ouled-Rahmoun, où l'on appuie à g. ; tracé peu accidenté, sauf vers Aïn-Halloufa.

D'Aïn-Beïda, routes, d'une part, sur (48 k.) *Khenchela,* d'où l'on peut gagner (104 k.) Batna, par Timgad et Lambèse, d'autre part, sur (109 k.) Guelma, par *Sedrata,* et sur (70 k.) Oued-Zenati, par *Montcalm.*

De Tébessa, les routes rayonnant en direct. N. sur Souk-Ahras, E. sur la Tunisie centrale et S. sur Gafsa ne sont empierrées que sur les premiers k. et deviennent au delà de simples pistes ; ne s'y engager en auto qu'après s'être renseigné aussi bien que possible sur leur praticabilité.

TÉBESSA. — V. de 5.700 hab., dont 1.200 europ. — Hôtels : *d'Orient* ; *Ramos.*

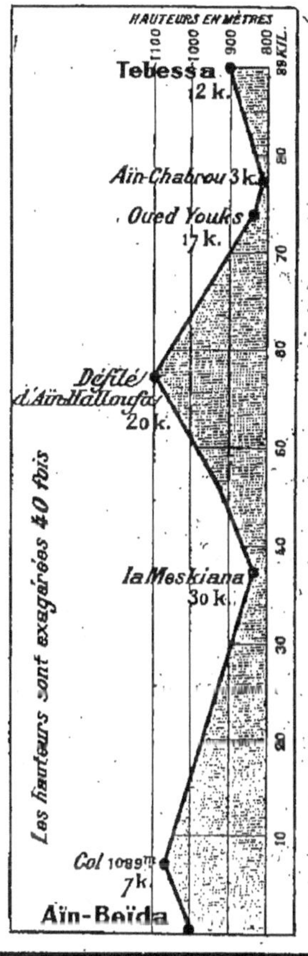

DE BONE A TUNIS

Sortir de Bône par la r. Prosper-Dubourg et la route de Constantine, puis prendre à g. et traverser la Seybouse. Si l'on ne doit pas s'arrêter à Tabarca, appuyer à dr. à l'entrée du village sans y pénétrer. De même à Béja, appuyer à g. Rampes raides et lacets de Kef-oum-Téboul à la plaine de Tabarca, ainsi qu'au delà de Béja vers le Münchar. Eviter d'entrer à Tunis par Bab-bou-Saadoun ; appuyer sur la g. et contourner la ville par l'extérieur de l'enceinte, Bab-el-Khadra, les avenues de Madrid et de Paris.

LA CALLE. — B. de 2.800 hab., dont 2.400 européens. — Hôtel : *Barnier.*

AIN-DRAHAM. — Hôtel : *de France.*

CAMP-DE-LA-SANTÉ. — Hôtel : *des Chênes* (ouvert en été seulement).

TABARCA. — Petit centre européen. — Hôtel : *Tiret.*

BÉJA. — V. de 10.000 hab., dont 1.500 europ. — Hôtels : *de France ; Grand-Hôtel ; Caylus.* — Garage : *Auto-palace.*

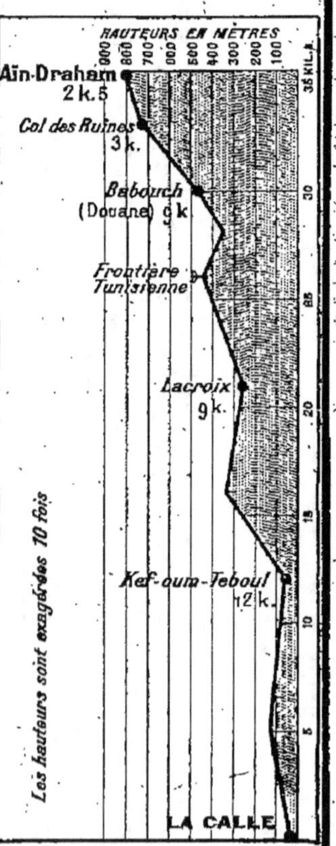

PRINCIPALES CURIOSITÉS

MORRIS :

A g., route pittoresque au travers de belles forêts sur (92 k.) Souk-Ahras.

LE TARF :

A g., route plus intéressante encore, d'où l'on peut effectuer des excursions en forêt (gîtes rares et peu confortables), également sur (87 k.) Souk-Ahras.

LA CALLE :

Aux environs, intéressantes excursions en forêt.

AIN-DRAHAM :

Ascension du *Djebel Bir* (1.019 m. ; vue étendue).

Centre d'excursions dans les superbes massifs boisés de la *Khroumirie.*

TABARCA :

Centre pittoresque ; anciens forts turcs et château génois ; environs forestiers.

DJEBEL-ABIOD :

Pays très giboyeux (beaucoup de sangliers).

BÉJA :

Vestiges d'une enceinte byzantine.

TUNISIE OCCIDENTALE

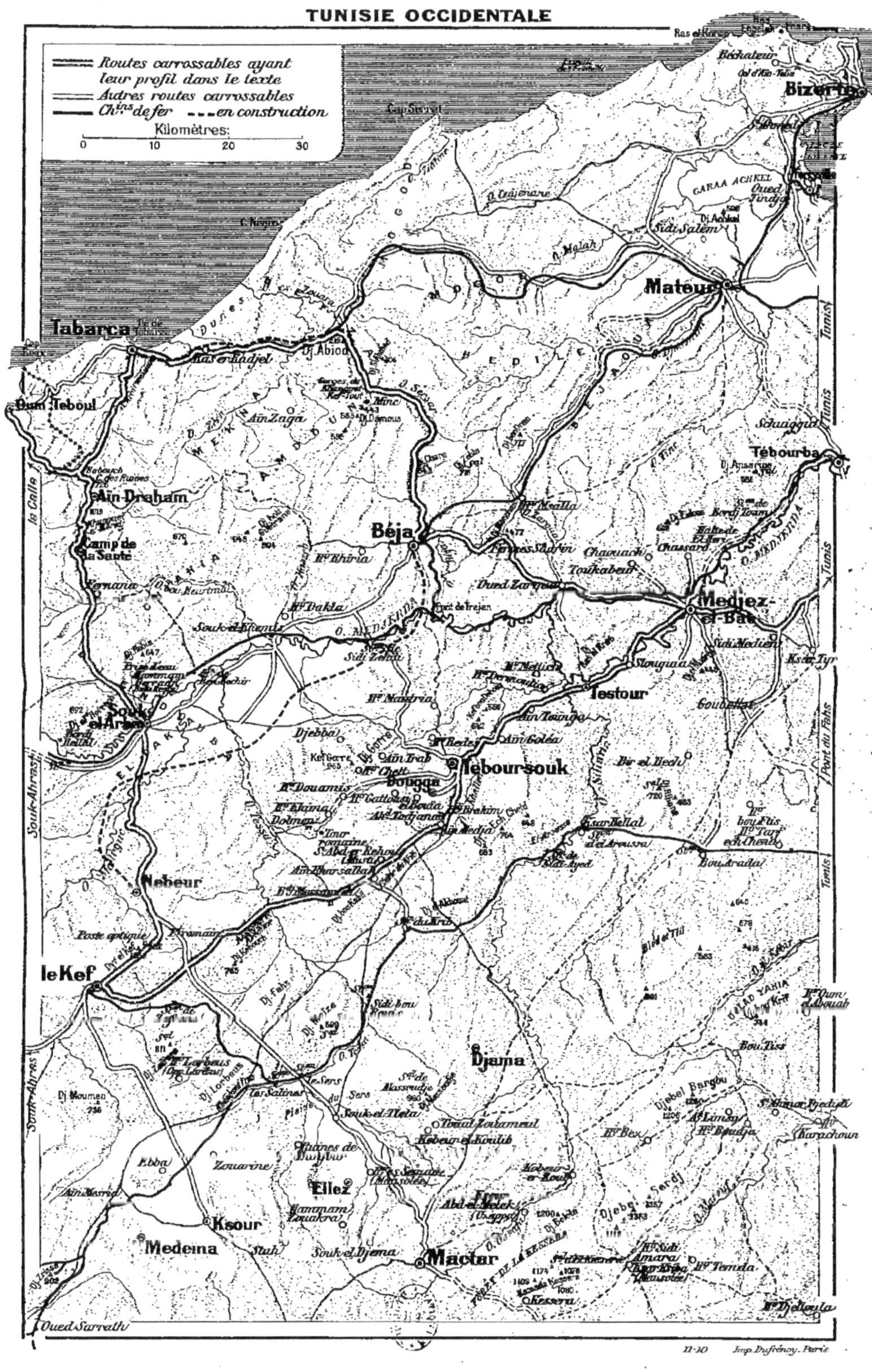

PRINCIPALES CURIOSITÉS

SOUK-EL-ARBA :

Excursions aux *ruines romaines intéressantes,* de (7 à 8 k. N.-O.) *Bulla Regia* (maisons décorées de mosaïques bien conservées), et à celles de (20 k. O.) *Chemtou* (carrières de marbre de couleur).

AIN-TOUNGA :

Ruines antiques importantes à proximité de la route. (grande forteresse byzantine).

TEBOURSOUK :

Restes d'une forteresse byzantine.

DOUGGA :

A 6 k. S.-O. de Téboursouk, ruines tout à fait intéressantes de la ville antique de *Thugga,* auxquelles des oliviers séculaires font un cadre charmant.

Théâtre (II⁰ s.).
Temple du Capitole (II⁰ s.).
Temple de Caelestis (III⁰ s.).
Mausolée libyco-punique (II⁰ s. avant notre ère).

LE KEF :

Dar-el-Kous, ancienne basilique chrétienne.

Excursion aux ruines importantes de (40 k. env. S.) *Medeïna* (temple et théâtre).

Excursion à (72 k. S.-E.) *Mactar,* petit centre administratif européen, dans une région où abondent les ruines antiques (portes monumentales, mausolées, aqueduc).

DE TABARCA AU KEF

Rampes très rudes et lacets de la plaine de Tabarca à l'Oued Rzell (Khroumīrie), ainsi que de Nebeur au Kef.

SOUK-EL-ARBA. — Centre européen. —
Hôtels : *du Commerce ; de France.*

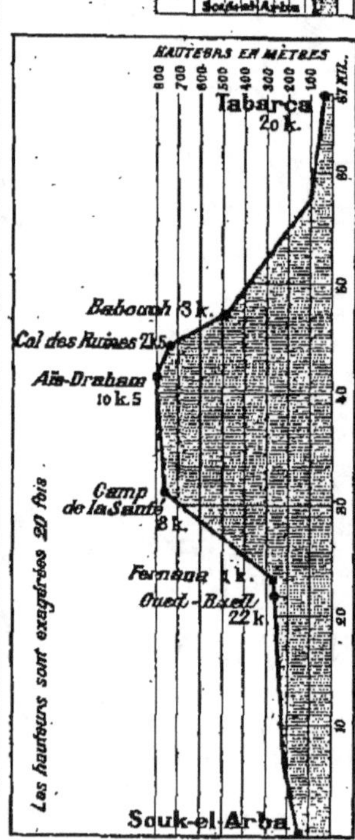

DE TUNIS A TEBOURSOUK-DOUGGA ET AU KEF

Sortir de Tunis en contournant l'enceinte (avenues de Paris et de Madrid, puis boulevard extérieur) jusqu'à Bab-bou-Saadoun, où l'on appuie à dr. ; au Bardo, appuyer à g. et franchir la voie ferrée. A Medjez-el-Bab, prendre à g. après le pont. Au k. 99, appuyer à dr. pour monter à Téboursouk, d'où l'on gagnera Dougga. Au retour de Dougga, prendre à dr. avant Téboursouk, afin de se rabattre sur la route du Kef.

TEBOURSOUK. — B. de 2.500 hab. — Hôtel : *International.*

LE KEF. — V. de 6,000 hab., dont 1,400 europ. — hôtels : *Milano ; Chassagne.*

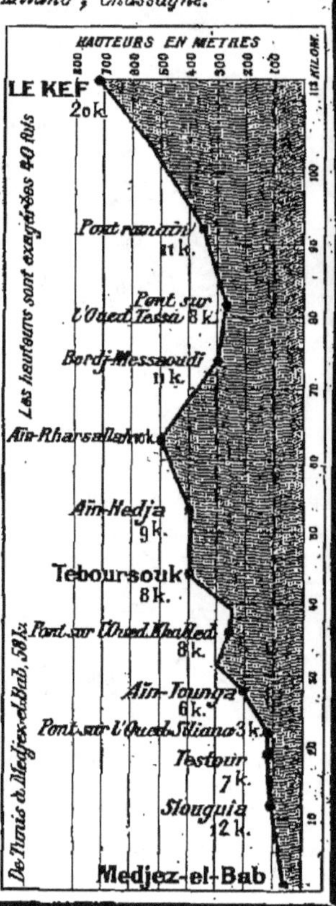

TUNIS ET ENVIRONS

TUNIS. — V. de 215.000 hab., dont 15.000 Français et 50.000 étrangers europ.; pour la plupart Italiens ou Maltais. — Hôtels : *Tunisia Palace Hôtel*, av. de Carthage; *de Paris et Impérial*, r. Al-Djazira, 23 *bis* ; *Grand-Hôtel*, av. de France ; *de France*, r. Léon-Rôches, 8 ; *Eymon*, r. de l'Église, 1 ; *Moderne*, r. de Constantine, 12. — Hôtels meublés : *Splendid*, av. Jules-Ferry et r. de Hollande; *Bellevue*, r. Es-Sadikia et av. de France. — Restaurants : *brasserie du Phénix*, av. Jules-Ferry ; *café de Tunis*, av. de France. — Garages : *Peyrard*, r. de Belgique, près de la gare; *Auto-palace*, r. d'Autriche prolongée ; *Auto-garage parisien*, av. Jules-Ferry, 45 ; *Tunisienne automobile*, r. de Grèce, 8. — Cycles : plusieurs loueurs, av. de Paris, 11, 13, 17, etc. et r. Saint-Charles, 4 et 10.

DE TUNIS A CARTHAGE
(16 k.)

Sortir par l'avenue de Paris, d'où l'on appuie à dr. par la route de la Goulette ; au k. 9, prendre à g., puis à dr. 3 k. 5 plus loin.

DE TUNIS A BIZERTE
(63 k.)

Sortir de Tunis en contournant l'enceinte par le N. (avenues de Paris et de Madrid, puis boulevard extérieur) jusqu'à Bab-bou-Saadoun, puis appuyer à dr. au Bardo, prendre à dr. Après le k. 25, pont étroit en dos d'âne.

BIZERTE. — V. de 18.000 hab., dont 8.000 europ. — Hôtels : *Grand Hôtel*, place d'Europe; *de la Paix*, r. d'Athènes. Garage : *Roussel et Manca*.

DE TUNIS A KORBOUS
(48 k.)

Sortir de Tunis par l'avenue de Carthage et prendre à g. par la route de Sousse qu'on suit jusqu'au k. 22,5 ; prendre alors à g., puis de nouveau à g. à Soliman après avoir dépassé la mosquée ; chaussée étroite et tournants brusques sur les 8 derniers k.

KORBOUS. — Hôtel : *des Thermes*,

DE TUNIS A ZAGHOUAN
(55 k.)

Sortir de Tunis par l'avenue de Carthage et suivre la ligne du tram jusqu'à son terminus aux Abattoirs, passé lequel on appuie à dr.

Variante recommandable de retour par Sainte-Marie du Zit et le Mornag, 72 k. env.

ZAGHOUAN. — B. de 2.000 hab. — Hôtel : *de France*.

PRINCIPALES CURIOSITÉS

TUNIS :

Quartier des Souks, la grande curiosité du Tunis indigène (à parcourir de préférence le matin).

Mosquées (on n'en voit que les extérieurs) et *Dar-el-Bey* (appartements beylicaux dont la décoration présente de jolis détails).

Quartier Halfaouine (intéressant surtout au temps du Ramadan).

Parc du Belvédère (promenade très recommandée; admirables perspectives).

Musée Alaoui et Bardo (2 k. O de Bab-bou-Saadoun). — Le Musée Alaoui, installé dans un ancien palais beylical (décorations curieuses de faïences et de plâtres ajourés) est le plus important des musées archéologiques de l'Afrique du Nord : belle collection de *mosaïques*; antiquités puniques intéressantes, notamment *bijoux* et *mobilier funéraire* provenant de Carthage ; *statues* et *sculptures* de l'époque romaine, pour la plupart trouvées à Carthage également; *bronzes grecs* provenant d'un navire antique coulé au large de Mehdia; collections *d'objets d'art indigène*, faïences, cuivres, tapis, bijoux, etc. — Au Bardo se trouvent aussi des *appartements beylicaux* curieux.

CARTHAGE :

Vestiges peu imposants de la ville antique (amphithéâtre, théâtre, maisons romaines, basilique chrétienne), mais site charmant et panorama merveilleux. Le *Musée Lavigerie* (collections puniques des plus riches, sculptures et mosaïques) mérite une visite. — Au N.-E. des ruines, village indigène pittoresque de *Sidi-bou-Saïd*.

BIZERTE :

A 23 k. S.-O., *Ferryville* et arsenal de *Sidi-Abdallah*.

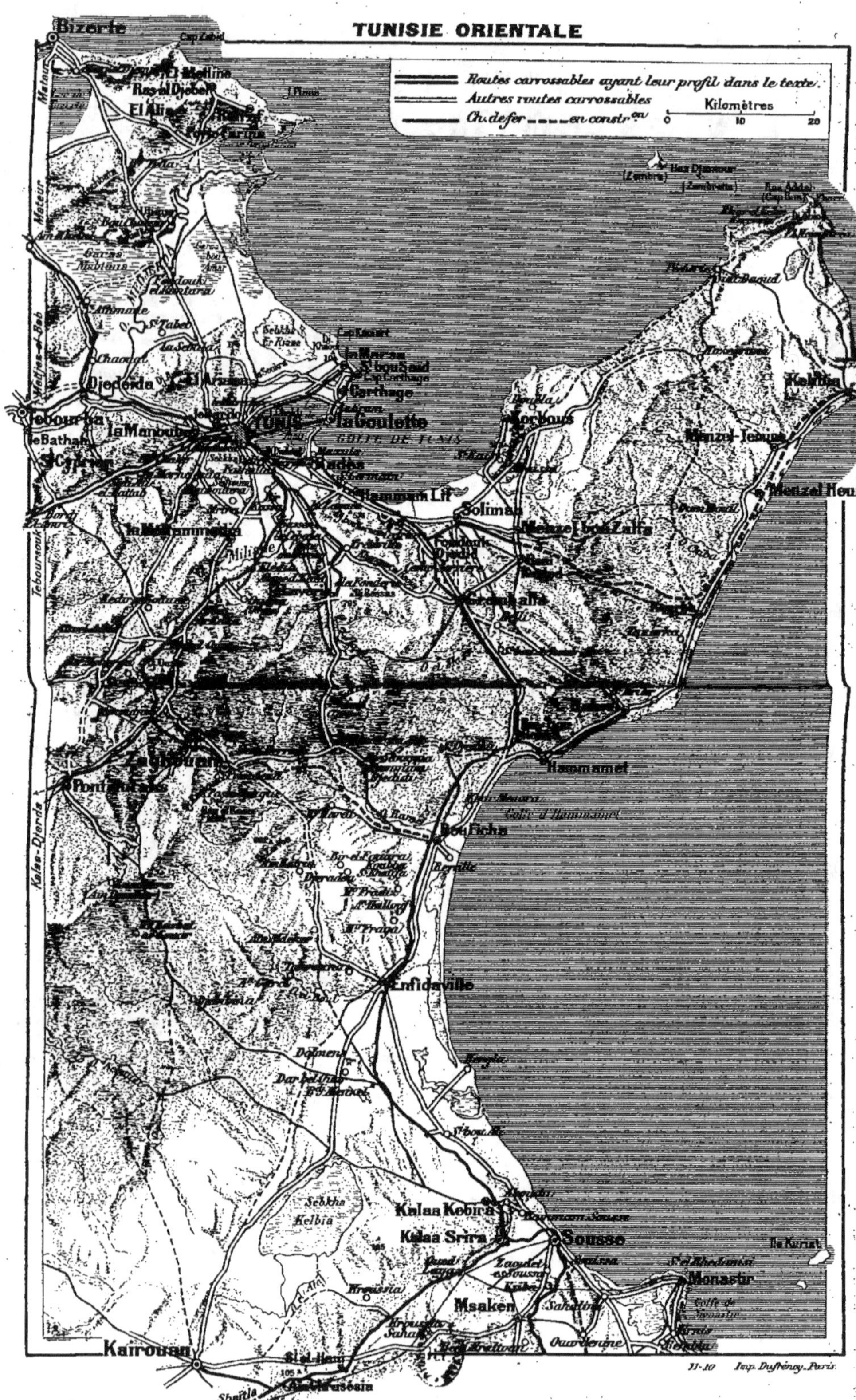

TUNISIE ORIENTALE
Routes carrossables ayant leur profil dans le texte
Autres routes carrossables
Ch. de fer en constr.on
Kilomètres
0 10 20
Bizerte
Cap Zebib
Djebel el Mediine
Ras el Djebel
El Alia
Metline
Porto Farina
Mateur
Djedeïda
Tebourba
la Manouba
le Batham
TUNIS
la Goulette
la Marsa
S.t bou Saïd
Cap Carthage
Carthage
GOLFE DE TUNIS
Korbous
Hammam Lif
Soliman
Menzel bou Zelfa
Kelibia
Menzel Temim
Menzel Heur
Hammamet
Golfe d'Hammamet
Bou Ficha
Enfidaville
Kalaa Kebira
Kalaa Srira
Sousse
Monastir
Golfe de Monastir
Msaken
Kairouan
Sebkha Kelbia
Sbeïtla
Zembra
Zembretta
Imp. Dufrénoy, Paris

ZAGHOUAN :

A 30 min. S.-O., *nymphée,* charmant monument antique en hémicycle. — Ascension du *Poste optique* (975 m.) ou du *Ras-el-Kasa* (1.295).

KORBOUS :

Route en corniche des plus pittoresques. — *Établissement thermal* bien installé.

KAIROUAN :

Grande-Mosquée ou *mosquée de Sidi-Okba,* de 124 m. sur 74 (colonnes et chapiteaux antiques ; admirable *chaire à prêcher* ; IXᵉ-XIᵉ s.).

Mosquée de Sidi-Sahab ou *du Barbier* (décoration des plus élégantes ; XVIIᵉ-XIXᵉ s.).

Zaouïa de Sidi-el-Guériane (XVIᵉ-XVIIᵉ s. ; beau plafond en coupole carrée.)

Mosquée des Trois Portes ou *Tléta-Bibane* (IXᵉ-Xᵉ s. ; façade curieuse).

Quartier des Souks.

SOUSSE :

Musée (mosaïques et sculptures antiques).

Kasba (panorama de la ville et de ses environs).

Catacombes chrétiennes, d'un développement de plus de 3 k. (IIᵉ-IIIᵉ s.).

SFAX :

A 17 k. O., éminence de *Toual-el-Cheridi ;* vue saisissante des plantations d'oliviers qui couvrent la région.

GABÈS :

Admirable *oasis* de 200.000 palmiers; villages indigènes pittoresques.

SBÉITLA :

A 1.300 m. N. de la station, ruines de trois *temples* et à 1 k. au delà d'un *pont-aqueduc* (IIᵉ s.).

METLAOUI :

A 7 k. O. de la station, belles *gorges du Seldja.*

A 55 k. S.-O., oasis du *Djérid,* les plus belles de l'Afrique du Nord (un million de palmiers).

TUNISIE CENTRALE ET MÉRIDIONALE

DE TUNIS A KAIROUAN
(156 k.)

Sortir de Tunis par l'avenue de Carthage et la route de Sousse qu'on suit jusqu'au k. 97,5 (Enfidaville) ; là, prendre à dr.

KAIROUAN. — V. de 19.000 hab. — Hôtels ; *de France ; Splendid.*

DE TUNIS A SOUSSE
(142 k.)

Sortir de Tunis comme ci-dessus et poursuivre tout droit à Enfidaville.

SOUSSE. — V. de 21.000 hab., dont 6.600 europ. — Hôtels : *Grand-Hôtel; de France.* — Garage : *Grand Garage.*

Une bonne route, de 59 k., reliant Sousse à Kairouan, par Msaken, on pourra effectuer une tournée circulaire, Tunis, Enfidaville, Kairouan, Msaken, Sousse, Tunis, de 357 k. Il sera préférable de l'allonger un peu en poussant jusqu'à El-Djem (prendre à dr. à Msaken) et d'adopter l'itinéraire suivant, qui comporte 510 k. env. : Tunis, Enfidaville, Kairouan, Msaken, El-Djem, Mehdia, Monastir, Sousse, Tunis. Au delà de Sousse, la route se prolonge sur (64 k.) El-Djem, (128 k.) Sfax, (264 k.) Gabès, et même (344 k.) Médenine. Entre Sousse et Sfax, outre l'itinéraire direct par El-Djem, on dispose d'un second itinéraire par Monastir, Mehdia, Ksour-es-Saf et Djebeliana, de 175 k. env., qu'on pourra utiliser comme variante de retour. Passé Sfax, il n'y a qu'une route et le retour devra s'opérer par le même itinéraire que l'aller.

SFAX. — V. de 75.000 hab., dont 6.500 europ. — Hôtels :

Moderne ; de France. — Garages : *Pasquier,* r. Lamoricière; *Central,* r. Charles-Quint ; *Tunisien,* r. Massicault.

GABÈS. — B. de 4.500 hab. — Hôtels : *Grand Hôtel ; de l'Oasis.* — Garage : *Auto-Gabès.*

Pour les touristes désireux de visiter les ruines considérables de la *Tunisie centrale* (notamment celles de *Sbéitla*) et les magnifiques oasis du *Djérid,* les voies ferrées suppléeront à l'insuffisance des routes : lignes de Sousse à Henchir Souatir, par Sbéitla, et de Sfax à Henchir Souatir, par Gafsa et Metlaoui.

METLAOUI. — Centre européen. — Hôtel : *Rey.*

CARTE DE FRANCE
AU 100.000ᵉ

L'EMPLOI de cinq couleurs : le rouge pour les voies de communication et la population, le bleu pour les mers, cours d'eau, les canaux avec écluses, ponts, etc., le vert pour les bois et les forêts, le bistre pour le relief du terrain, le noir pour les autres indications, permet de faire ressortir avec une grande netteté les nombreux renseignements que l'on est en droit de demander à une carte à grande échelle.

L'organisation du personnel du service vicinal, composé de 5.000 agents répartis sur tout le territoire de la France, permet d'assurer la *mise à jour constante* de cette carte.

TABLEAU D'ASSEMBLAGE

CARTES FORMÉES D'UNE OU PLUSIEURS FEUILLES

ENVIRONS DE PARIS, 1 feuille collée sur toile, pliée et cart.   **3 fr. »**

ENVIRONS DE PARIS (*Est*), 1 feuille pliée et cart. . . . .   **1 fr. »**

ENVIRONS DE PARIS (*Ouest*), carte pliée et cart. . . . . .   **1 fr. »**

FEUILLES assemblées et disposées d'après le système BECQUEREL ; réunion de 4 cartes pliées en format de poche, cart. percaline. Chaque. . . . . **4 fr. »**

En vente : Angoulême. — Autun. — Auxerre. — Avignon. — Bordeaux. — Boulogne. — Lille. — Limoges. — Lyon. — Le Mans. — Marseille. — Montpellier. — Moulins. — Nevers. — Nice. — Nimes. — Saintes. — Saint-Etienne. — Toulon. — Tours.

Cette carte forme 587 feuilles. — *Chaque feuille mesure 28 centimètres sur 38 ; l'échelle adoptée (1 cent. pour 1 kilom.) se prête à une évaluation prompte des distances.*

Chaque feuille se vend isolément. . . . . **0 fr. 80**

Pliée et cartonnée. . . . . **1 fr. 05**

www.ingramcontent.com/pod-product-compliance
Lightning Source LLC
LaVergne TN
LVHW010323030726
842520LV00004B/1234